Athanase ZOGO

LA GRACE DE T'APPARTENIR

Athanase ZOGO

LA GRACE DE T'APPARTENIR

Éditions Croix du Salut

Imprint

Any brand names and product names mentioned in this book are subject to trademark, brand or patent protection and are trademarks or registered trademarks of their respective holders. The use of brand names, product names, common names, trade names, product descriptions etc. even without a particular marking in this work is in no way to be construed to mean that such names may be regarded as unrestricted in respect of trademark and brand protection legislation and could thus be used by anyone.

Cover image: www.ingimage.com

Publisher:
Éditions Croix du Salut
is a trademark of
Dodo Books Indian Ocean Ltd. and OmniScriptum S.R.L publishing group

120 High Road, East Finchley, London, N2 9ED, United Kingdom
Str. Armeneasca 28/1, office 1, Chisinau MD-2012, Republic of Moldova, Europe
Printed at: see last page
ISBN: 978-620-6-17048-8

LA GRACE DE T'APPARTENIR

Ev. Athanase ZOGO

SOMMAIRE

INTRODUCTION

La notion de grâce est l'une des pierres angulaires de la foi chrétienne. Elle est à la fois le fondement et l'expression de notre relation avec Dieu, une réalité divine qui dépasse les limites de notre compréhension humaine. Dans le voyage spirituel de chaque croyant, la grâce représente une invitation inconditionnelle à une relation profonde et transformatrice avec Jésus-Christ. Ce livre, **"La Grâce de T'appartenir"**, explore cette dimension essentielle de notre foi, révélant la profondeur et la beauté de ce don divin.

1. Une Invitation à la Découverte

L'objectif de ce livre est de guider le lecteur dans une compréhension plus riche et plus personnelle de la grâce divine. En explorant les multiples facettes de la grâce, nous découvrirons comment elle nous invite à appartenir à Jésus, non seulement comme un Sauveur (Luc 1, 68 – 71), mais comme un Seigneur intime et proche. La grâce n'est pas un concept abstrait, mais une réalité vivante qui transforme notre quotidien et notre relation avec Dieu.

2. La Grâce dans le Contexte Biblique

Nous commencerons notre exploration en examinant les préfigurations et les promesses de la grâce dans l'Ancien Testament, puis nous nous pencherons sur l'Incarnation de la grâce en Jésus-Christ. La grâce se manifeste dans le don de Jésus et dans l'appel personnel qu'Il nous adresse. À travers cette relation personnelle, nous expérimentons le pardon, l'amour inconditionnel, et la transformation intérieure que Jésus offre.

3. La Vie avec Grâce

La grâce divine ne se limite pas à un événement ponctuel ou à un moment d'illumination. Elle se vit chaque jour, dans les joies et les défis de la vie quotidienne. En approfondissant notre compréhension de la grâce, nous apprendrons à vivre en accord avec elle dans notre quotidien, à affronter les obstacles avec une perspective divine, et à témoigner de la bonté de Dieu à travers nos actions et nos relations.

4. La Perspective Éternelle

La grâce que nous recevons de Dieu a une portée éternelle (Luc 2, 40). Elle influence non seulement notre vie présente mais aussi notre espérance pour l'éternité. En nous rendant attentifs à la grâce qui nous est promise pour la vie après la mort, nous trouverons réconfort et espoir dans la perspective de la communion éternelle avec notre Seigneur.

5. Un Voyage Personnel

Ce livre est conçu pour être un guide dans votre voyage spirituel. Il offre des réflexions, des enseignements, et des méditations qui visent à approfondir votre compréhension de la grâce et à enrichir votre relation avec Jésus. Chaque chapitre est une étape dans la découverte et l'expérimentation de ce don précieux.

La grâce de Dieu est une offre sublime et transformante qui nous appelle à une relation vivante et personnelle avec Jésus-Christ. Ce livre aspire à vous aider à découvrir cette grâce dans toute sa profondeur et à vivre en réponse à cet amour divin. Que cette exploration enrichisse votre foi, illumine votre parcours spirituel, et vous conduise à une expérience renouvelée de la grâce de Dieu.

Bienvenue dans ce voyage de découverte et de transformation. Que la grâce de notre Seigneur Jésus-Christ guide et bénisse chaque étape de votre lecture.

CHAPITRE I

La Rencontre Initiale : Le Moment Où Tout Commence

Chaque voyage spirituel commence par un premier pas, une rencontre initiale qui marque le début d'une transformation profonde. Pour beaucoup, ce moment est souvent décrit comme une rencontre avec Jésus, une révélation de sa grâce et un appel à le suivre. Ce chapitre explore cette première rencontre – le moment où tout commence – et comment elle établit les bases d'une vie dédiée à Christ.

1. L'Appel de Jésus : Une Invitation Personnelle

Lorsque Jésus a appelé ses premiers disciples, il ne s'agissait pas simplement d'une invitation générale. Il s'adressait à chacun individuellement. L'histoire des pêcheurs de Galilée est emblématique. Jésus les invite à le suivre avec ces simples mots : « Venez après moi, et je vous ferai devenir pêcheurs d'hommes » (Matthieu 4, 19). Ce moment est la première rencontre où ils ont reconnu une dimension divine dans leur vie quotidienne, changeant à jamais leur destinée.

2. Le Premier Choc de la Rencontre

Pour beaucoup, la rencontre avec Jésus est souvent précédée par un choc – un événement, une crise ou une prise de conscience qui rend cette rencontre inévitable. La femme samaritaine (Jean 4, 9) au puits est un excellent exemple. Sa rencontre avec Jésus, malgré ses attentes modestes, devient un moment révélateur. Jésus brise les conventions sociales et lui offre une eau vive, révélant sa propre identité en tant que Messie. Ce choc initial est le point de départ pour une transformation intérieure.

3. La Révélation Personnelle de Jésus

Chaque rencontre avec Jésus est unique, marquée par une révélation personnelle. Dans l'expérience de Paul sur le chemin de Damas, cette rencontre est accompagnée d'une vision et d'une voix céleste (Actes 9, 1 – 20). Ce moment où Paul rencontre Jésus de manière directe et puissante transforme radicalement sa vie. Il passe de persécuteur des chrétiens à apôtre de l'Évangile. Cette révélation personnelle est cruciale, car elle établit une connexion intime avec Christ et un appel à une nouvelle direction de vie.

Ce privilège de la rencontre personnelle, le Seigneur Jésus m'en a fait bénéficier en 2017 : alors que j'étais en prière à genoux dans ma chambre aux environs de 19 h 30 au quartier Manguiers à Yaoundé, et ma prière étant devenue plus intense que d'habitude, j'invitais hardiment le Seigneur à répondre à toutes mes interrogations : *« Pourquoi ma vie semble encore plus compliquée depuis que je t'ai accepté comme mon Seigneur et mon Sauveur ? Réponds-moi car je n'y comprends plus rien et je m'épuise à espérer ta Grâce »*. Au bout de quelques minutes, je baissai la tête en signe de méditation, les yeux fermés. C'est alors qu'une Voix m'interpelle : « Lève la tête ! ».
D'un mouvement naturel, je lève ma tête et je regarde autour de moi avec le désir profond de distinguer un signe ou d'être témoin d'une

apparition. Je n'aurai droit à rien de tout cela. Croyant alors avoir entendu la voix d'une personne hors de ma chambre s'adressant à une autre personne, je vais à nouveau baisser la tête pour poursuivre ma méditation. Mes yeux vont ainsi atterrir sur la Bible que j'avais soigneusement posée devant moi au tout début de ma prière. Et au même moment, la Voix reprend : « Ma Parole, ma Parole, le secret de la vie ; ma Parole, ma Parole, la clé de la vie ». Démarre alors une conversation de quelques minutes :

- Moi : Seigneur, je ne comprends pas ;

- La Voix : « Il n'y a pas un seul Homme sur cette terre dont la vie ne soit inscrite dans ma Parole » ;

- Moi : Seigneur, j'ai déjà lu la Bible de Génèse à Apocalypse et je n'y ai pas vu mon nom inscrit. Comment peux-tu dire qu'il n'y a pas un seul Homme sur cette terre dont la vie ne soit inscrite dans ta Parole ?

- La Voix : « Ma Parole te présente deux aspects : le bien et le mal. Si tu choisis de faire le bien, tu y verras toutes les bénédictions qui accompagnent les hommes de bien ; mais si tu choisis de faire le mal, tu y verras également toutes les conséquences qui s'abattent sur les hommes de mal. Je te recommande le bien, car je suis le Dieu du Bien ».

- Moi : Seigneur, tu connais mon cœur, il est amour et ne souhaite que le bien.

Après cela, j'ai ressenti comme des brulures relativement intenses au centre de chacun de mes pieds au point où je prenais peur.

-   La Voix : « N'es pas peur, je te donne mes pieds ; tu iras partout où je t'enverrai et partout où tu poseras ces pieds, mon nom sera glorifié ».

Fin de conversation et de la rencontre. Au bout de cette expérience, Jésus m'avait fait grâce et don de ses pieds de porteur des oracles de Dieu (Jésus), porteur de la bonne nouvelle, porte-parole de son Evangile.

4. La Réponse au Premier Appel

Une fois la rencontre établie, la réponse est essentielle. Les premiers disciples ont laissé leurs filets pour suivre Jésus. La femme samaritaine a couru annoncer la bonne nouvelle aux autres (Jean 4, 25 – 42). La réponse à l'appel de Jésus marque le début de la vie nouvelle, une vie centrée sur la foi et la dévotion. La manière dont chacun répond à cette rencontre initiale détermine le chemin qu'il empruntera par la suite.

5. Les Effets Durables de la Rencontre Initiale

La rencontre initiale avec Jésus ne se limite pas à un événement isolé. Elle a des répercussions durables, influençant non seulement la vie du croyant, mais aussi celle de ceux qui l'entourent. Cette transformation peut se manifester par un changement de valeurs, une nouvelle perspective sur la vie et un désir ardent de partager l'amour de Christ avec les autres.

Conclusion

La rencontre initiale avec Jésus est le point de départ d'une vie transformée. C'est un moment de révélation, d'appel et de réponse qui définit la direction future. Chaque croyant a son propre récit de cette rencontre, mais tous partagent le même fondement : la Grâce de Dieu qui se manifeste dans une relation personnelle avec le Seigneur Jésus. À travers cette rencontre, nous sommes invités à explorer une vie de foi plus profonde, enrichie par la grâce et l'amour de Dieu.

Ce premier chapitre pose les bases pour comprendre l'importance de cette rencontre initiale avec Jésus et comment elle initie le voyage spirituel de chaque individu. Il peut être enrichi avec des témoignages personnels, des méditations et des prières pour aider le lecteur à réfléchir sur sa propre expérience.

CHAPITRE II

La Nature de la Grâce : Comprendre la Grâce Divine

La grâce divine est au cœur de la foi chrétienne, mais sa profondeur et sa richesse vont bien au-delà des simples définitions théologiques. Comprendre la nature de la grâce nous aide à apprécier pleinement le don que Dieu nous offre et à vivre en réponse à cet amour inconditionnel. Ce chapitre explore ce que signifie réellement la grâce divine, comment elle se manifeste dans les écritures, et comment elle transforme nos vies.

1. La Définition de la Grâce

La grâce peut être définie comme le don immérité de l'amour et de la faveur de Dieu envers l'humanité (Psaumes 23, 6 ; 45, 3). Contrairement aux mérites que nous pouvons accumuler, la grâce est donnée gratuitement, sans condition ni exigence préalable. C'est le moyen par lequel Dieu nous accorde son pardon, sa miséricorde et son soutien, malgré notre incapacité à le mériter par nos propres efforts.

Dans la Bible, la grâce est souvent décrite comme « l'amour divin en action ». Elle se manifeste dans le salut offert à travers Jésus-Christ, comme le dit Éphésiens 2, 8 - 9 : « Car c'est par la grâce que vous êtes sauvés, par le moyen de la foi. Et cela ne vient pas de vous, c'est le don de Dieu. Ce n'est point par les œuvres, afin que personne ne se glorifie ».

2. La Grâce dans l'Ancien Testament

La grâce n'est pas une invention du Nouveau Testament ; elle est également présente dans l'Ancien Testament, bien que parfois moins explicitement. Les histoires des figures bibliques comme Noé, Abraham et Moïse illustrent la grâce de Dieu. Par exemple, Noé est décrit comme « un homme juste et intègre parmi ses contemporains » (Genèse 6, 9), et il est le récipiendaire de la grâce de Dieu qui l'a sauvé du déluge.

3. Jésus-Christ : L'Incarnation de la Grâce

Jésus-Christ est la manifestation suprême de la grâce divine. À travers sa vie, sa mort et sa résurrection, Jésus incarne la grâce de Dieu de manière tangible. En offrant sa vie pour le salut de l'humanité, il montre que la grâce va au-delà des lois et des règles, qu'elle est un acte de rédemption et d'amour sacrificiel. Jean 1, 14 nous rappelle : « Et la parole a été faite chair, et elle a demeuré parmi nous, pleine de grâce et de vérité. »

4. La Grâce et le Pardon

Un aspect central de la grâce est le pardon. La grâce divine signifie que, même lorsque nous avons péché ou échoué, Dieu est prêt à nous pardonner et à nous restaurer. L'histoire du fils prodigue (Luc 15, 11-32) illustre parfaitement ce principe : malgré ses erreurs, le fils est accueilli avec amour et pardon par son père. Ce récit souligne que la grâce divine est un pardon sans condition, offrant une nouvelle chance à chaque personne.

5. La Grâce et la Vie Nouvelle

La grâce ne se limite pas à la rémission des péchés ; elle introduit aussi une nouvelle manière de vivre. La grâce transforme le cœur du croyant, créant en lui un désir de vivre selon les valeurs du Royaume de Dieu. Paul, dans ses épîtres, parle de la « nouvelle création » que nous devenons en Christ (2 Corinthiens 5, 17). La grâce permet au croyant de vivre une vie qui reflète l'amour et la miséricorde de Dieu envers les autres.

6. Les Implications de la Grâce pour le Croyant

Comprendre la grâce divine a des implications profondes pour notre vie quotidienne. Elle nous appelle à vivre dans la gratitude, à pardonner les autres comme nous avons été pardonnés (Matthieu 6, 9 – 13), et à partager cette grâce avec ceux qui nous entourent. La grâce nous libère des fardeaux de la culpabilité et du jugement, nous permettant de nous engager dans une relation authentique avec Dieu et avec nos semblables.

Conclusion

La grâce divine est une vérité fondamentale qui définit la relation entre Dieu et l'humanité. En comprenant sa nature, nous réalisons que la grâce est le fondement de notre salut, le moteur de notre transformation et l'essence même de notre appel à vivre selon les principes du Royaume de Dieu. C'est un don gratuit qui change tout, ouvrant la voie à une vie nouvelle et enrichissante dans la présence de Dieu.

Ce chapitre vise à offrir une vue d'ensemble complète de la nature de la grâce divine, en explorant ses fondements théologiques, ses manifestations dans les Écritures et ses implications pratiques pour la vie des croyants. Il peut également inclure des réflexions personnelles et des exemples concrets pour aider les lecteurs à intégrer ces concepts dans leur propre expérience spirituelle.

CHAPITRE III

Appartenance et Identité : La Relation entre Être et Appartenir

L'appartenance et l'identité sont deux concepts fondamentaux qui façonnent notre compréhension de nous-mêmes et notre relation avec Dieu. En tant que croyants, comprendre comment nous appartenons à Dieu et comment cela influence notre identité est crucial pour vivre une vie pleine et épanouie. Ce chapitre explore la relation entre être et appartenir, en mettant en lumière la manière dont notre appartenance à Dieu définit notre véritable identité.

1. La Quête de l'Appartenance

Depuis les débuts de l'humanité, la quête d'appartenance est une partie intégrante de notre expérience. Les gens cherchent des communautés, des relations et des environnements où ils se sentent acceptés et valorisés. Cette recherche est souvent motivée par un désir profond de se connecter à quelque chose de plus grand que soi. En tant que chrétiens, cette quête d'appartenance trouve son accomplissement ultime dans notre relation avec Dieu.

2. L'Appartenance à Dieu : Un Don de Grâce

L'appartenance à Dieu est un don de grâce, non quelque chose que nous pouvons gagner par nos propres mérites. La Bible enseigne que Dieu nous a choisis et nous a appelés à être ses enfants. Jean 1, 12 dit : « Mais à tous ceux qui l'ont reçu, il a donné le pouvoir de devenir enfants de

Dieu. » Cette appartenance est fondée sur l'amour inconditionnel de Dieu et se manifeste à travers le sacrifice de Jésus-Christ. Être enfant de Dieu implique que nous sommes acceptés, aimés et valorisés par le Créateur de l'univers.

3. La Relation entre Identité et Appartenance

Notre identité est profondément liée à notre appartenance. Être enraciné dans notre relation avec Dieu transforme notre compréhension de qui nous sommes. Au lieu de définir notre identité par nos réussites, nos échecs ou notre statut social, nous la trouvons en étant des enfants de Dieu. Paul écrit dans Galates 3, 26 : « Vous êtes tous enfants de Dieu par la foi en Jésus-Christ. » Cette vérité affirme que notre identité est fondée sur notre relation avec Dieu plutôt que sur des critères externes.

4. L'Identité en Christ : Une Nouvelle Création

Lorsque nous appartenons à Dieu, nous devenons une nouvelle création en Christ. 2 Corinthiens 5, 17 déclare : « Si quelqu'un est en Christ, il est une nouvelle création. Les choses anciennes sont passées ; voici, toutes choses sont devenues nouvelles. » Cette nouvelle identité en Christ signifie que nous sommes libérés des anciens schémas de pensée et des identités façonnées par le monde. Nous sommes appelés à vivre en accord avec notre nouvelle nature, marquée par la justice, la paix et l'amour de Dieu.

5. Les Implications de l'Appartenance pour la Vie Quotidienne

Comprendre notre appartenance à Dieu et notre identité en Christ a des implications profondes pour notre vie quotidienne. Cela affecte notre manière de voir les autres, de gérer les défis et de vivre en communauté. En sachant que nous sommes acceptés et aimés par Dieu, nous pouvons aborder les situations de la vie avec confiance et assurance. De plus, cette compréhension nous pousse à aimer et à servir les autres, en reflétant l'amour que nous avons reçu de Dieu.

6. Vivre selon notre Identité Divine

Vivre selon notre identité divine implique de faire des choix qui reflètent notre appartenance à Dieu. Cela signifie que nous cherchons à honorer Dieu dans toutes nos actions, à cultiver des relations basées sur l'amour et le respect, et à poursuivre une vie de foi active. Les défis et les tentations peuvent nous égarer, mais notre compréhension de notre identité en Christ nous rappelle qui nous sommes vraiment et nous guide dans notre cheminement spirituel.

Conclusion

La relation entre être et appartenir est au cœur de notre vie chrétienne. En comprenant notre appartenance à Dieu, nous découvrons notre véritable identité en Christ. Cette compréhension transforme notre vie, nous libère des pressions externes et nous appelle à vivre pleinement en accord avec notre nouvelle nature. Nous sommes appelés à embrasser cette identité divine, à vivre avec assurance et à témoigner de l'amour de Dieu dans le monde.

Ce chapitre vise à explorer la profonde connexion entre l'appartenance à Dieu et notre identité personnelle, tout en offrant des perspectives pratiques sur la manière dont cette relation influence notre vie quotidienne. Il peut également inclure des réflexions, des questions de méditation, et des exemples pratiques pour aider les lecteurs à intégrer ces concepts dans leur propre expérience spirituelle.

CHAPITRE IV

La Grâce dans l'Ancien Testament : Préfigurations et Promesses

La grâce divine, bien que pleinement révélée dans le Nouveau Testament à travers Jésus-Christ, est également présente dans l'Ancien Testament. L'Ancien Testament offre des préfigurations et des promesses qui préparent le terrain pour la plénitude de la grâce manifestée dans le Nouveau Testament. Ce chapitre explore comment la grâce se manifeste dans les récits et les enseignements de l'Ancien Testament, mettant en lumière les aspects prophétiques et les symboles qui annoncent le don de la grâce à venir.

1. La Grâce à travers les Figures de l'Ancien Testament

L'Ancien Testament contient plusieurs figures et récits qui illustrent la grâce divine en action. Ces figures montrent comment Dieu a toujours agi avec miséricorde et bonté envers l'humanité, même avant la révélation complète de la grâce en Christ.

- **Noé et l'Arche** : Noé est décrit comme un homme juste dans un monde corrompu (Genèse 6, 9). Dieu lui accorde la grâce de sauver sa famille et les espèces animales en lui offrant la protection d'une arche. Cette histoire préfigure la grâce du salut, un thème central dans le Nouveau Testament.

- **Abraham et l'Alliance** : Dieu fait une alliance avec Abraham, promettant de bénir toutes les nations à travers lui (Genèse 12, 2-

3). Cette alliance est un acte de grâce, car elle ne dépend pas des mérites d'Abraham mais du plan divin pour l'humanité. L'alliance d'Abraham est une préfiguration de la grâce qui sera pleinement révélée en Jésus-Christ.

- **Joseph et ses Frères** : Joseph, vendu en esclavage par ses frères, finit par les sauver de la famine en Égypte (Genèse 45, 4 - 8). Le pardon et la réconciliation que Joseph accorde à ses frères sont des manifestations de la grâce divine qui se reflètent dans le pardon et la rédemption de Christ.

2. La Grâce dans les Lois et les Sacrifices

L'Ancien Testament présente aussi la grâce divine à travers le système légal et les sacrifices, qui préfigurent les sacrifices de Jésus.

- **Les Lois de Moïse** : Bien que les lois mosaïques établissent des normes pour la conduite, elles incluent également des provisions pour le pardon et la réconciliation, comme les offrandes pour le péché (Lévitique 4). Ces lois montrent que Dieu offre des moyens de restaurer la relation avec Lui malgré les échecs humains.
- **Les Sacrifices de l'Ancien Testament** : Les sacrifices d'animaux dans le système du tabernacle symbolisent la nécessité d'un sacrifice pour le pardon des péchés. Ces sacrifices préfigurent le sacrifice parfait de Jésus-Christ, qui accomplira ce que les sacrifices de l'Ancien Testament ne pouvaient faire pleinement (Hébreux 10, 1 - 4).

3. Les Prophètes et les Promesses de Grâce

Les prophètes de l'Ancien Testament annoncent la venue d'un Sauveur et le déploiement de la grâce divine.

- **Esaïe et le Serviteur Souffrant** : Le livre d'Esaïe contient des prophéties sur le Serviteur Souffrant qui portera les péchés du peuple et apportera la guérison (Esaïe 53). Cette prophétie annonce la venue de Jésus-Christ, le Sauveur par excellence, et révèle le cœur de la grâce divine.

- **Jérémie et la Nouvelle Alliance** : Jérémie prophétise une nouvelle alliance, différente de l'ancienne alliance, dans laquelle Dieu mettra ses lois dans les cœurs des gens et pardonnera leurs péchés (Jérémie 31, 31 - 34). Cette nouvelle alliance est un fondement pour la grâce révélée dans le Nouveau Testament.

4. La Grâce dans les Psaumes et les Proverbes

Les Psaumes et les Proverbes de l'Ancien Testament expriment également la grâce divine à travers des prières, des louanges et des sages conseils.

- **Les Psaumes de Grâce** : Les Psaumes sont remplis de déclarations sur la miséricorde et la fidélité de Dieu. Par exemple, le Psaume 103, 8 - 12 proclame la miséricorde de Dieu et son pardon. Ces passages offrent un aperçu de la grâce que Dieu offre à ceux qui se tournent vers Lui avec un cœur contrit.

- **Les Proverbes sur la Grâce et la Sagesse** : Les Proverbes mettent en lumière la sagesse divine qui guide les croyants dans leur vie quotidienne, en soulignant l'importance de la grâce dans le discernement et la conduite juste (Proverbes 3, 34).

5. La Grâce comme Thème Cohérent de l'Ancien Testament

L'Ancien Testament, à travers ses récits, ses lois, ses prophéties et ses écrits poétiques, présente un thème cohérent de la grâce divine qui se prépare à la révélation pleine dans le Nouveau Testament. La grâce est le fil conducteur qui unit les promesses de Dieu et annonce le salut par Jésus-Christ.

Conclusion

La grâce divine dans l'Ancien Testament est plus qu'une simple préfiguration ; elle est une manifestation continue de l'amour et de la miséricorde de Dieu envers l'humanité. Les figures, les lois, les prophéties et les écrits poétiques de l'Ancien Testament préparent le terrain pour la pleine révélation de la grâce en Jésus-Christ. En comprenant ces préfigurations et ces promesses, nous pouvons apprécier plus profondément la plénitude de la grâce que nous recevons à travers le Nouveau Testament.

Ce chapitre vise à explorer comment la grâce divine est présente et préparée dans l'Ancien Testament, mettant en lumière les aspects prophétiques et symboliques qui annoncent le don de la grâce dans le Nouveau Testament. Il peut inclure des réflexions théologiques, des exemples historiques et des implications pour la compréhension de la grâce aujourd'hui.

CHAPITRE V

Jésus, l'Incarnation de la Grâce : La Venue de la Grâce dans le Monde

La venue de Jésus-Christ dans le monde marque le moment culminant où la grâce divine est pleinement révélée et incarnée. À travers la vie, la mort et la résurrection de Jésus, la grâce de Dieu est manifestée de manière tangible, offrant un nouveau commencement et une réconciliation totale avec Dieu. Ce chapitre explore comment Jésus-Christ incarne la grâce, en soulignant les aspects de sa vie et de son ministère qui révèlent la profondeur de ce don divin.

1. La Naissance de Jésus : L'Annonce de la Grâce

La naissance de Jésus est le début de l'incarnation de la grâce dans le monde. L'évangéliste Luc rapporte que l'ange Gabriel annonce à Marie qu'elle concevra un fils par le Saint-Esprit, un acte de grâce et de miséricorde divine (Luc 1, 30 - 31). Jésus est décrit comme "le Sauveur, qui est le Christ, le Seigneur" (Luc 2, 11), et son nom même, "Jésus", signifie "le Seigneur sauve". Sa naissance dans une étable humble reflète la nature accessible et universelle de la grâce de Dieu.

2. Le Ministère de Jésus : Manifestations de la Grâce

Tout au long de son ministère terrestre, Jésus incarne la grâce par ses enseignements, ses miracles et son interaction avec les gens.

- **Les Enseignements de Jésus** : Jésus enseigne la grâce de Dieu à travers des paraboles et des discours. La parabole du fils prodigue (Luc 15, 11 - 32) illustre magnifiquement la nature inconditionnelle et généreuse du pardon divin. De même, les Béatitudes (Matthieu 5, 3 - 12) révèlent que la grâce est offerte aux humbles, aux affligés, et aux persécutés.

- **Les Miracles de Jésus** : Les miracles de Jésus sont des signes visibles de la grâce de Dieu. Qu'il s'agisse de guérir les malades, de ressusciter les morts, ou de nourrir les foules, chaque miracle manifeste la compassion et l'amour de Dieu envers les souffrants et les démunis. Le miracle de la guérison du paralytique (Marc 2, 1 - 12) démontre comment Jésus pardonne les péchés et guérit, illustrant ainsi le double aspect de la grâce – le pardon et la restauration.

3. La Mort et la Résurrection de Jésus : Le Sommet de la Grâce

La mort de Jésus sur la croix est le point culminant de la manifestation de la grâce divine. À travers sa mort, Jésus porte le poids des péchés de l'humanité et offre le pardon total.

- **Le Sacrifice sur la Croix** : La crucifixion de Jésus est le sacrifice ultime pour le salut des pécheurs. Comme l'écrit Paul dans Éphésiens 1, 7, « En lui nous avons la rédemption par son sang, le pardon des péchés, selon la richesse de sa grâce. » La croix est le symbole suprême de la grâce, montrant que Dieu donne tout pour notre rédemption.

- **La Résurrection : Victoire et Nouvelle Vie** : La résurrection de Jésus d'entre les morts (Matthieu 28, 5 - 6) est la confirmation de la victoire sur le péché et la mort. Elle inaugure une nouvelle ère de grâce, offrant la promesse de la vie éternelle à tous ceux qui croient en lui. La résurrection assure que la grâce est non seulement un pardon, mais aussi un nouveau commencement, une nouvelle vie en Christ.

4. Jésus, le Modèle de la Vie en Grâce

Jésus ne se contente pas d'enseigner la grâce ; il vit selon ses principes. Son comportement envers les pécheurs, les exclus et les marginaux est un modèle de vie en grâce. Jésus appelle ses disciples à imiter cet exemple, à vivre dans l'amour et la miséricorde, et à étendre la grâce qu'ils ont reçue aux autres. La manière dont Jésus accueille les pécheurs et les publicains (Matthieu 9, 10 - 13) révèle la nature inclusive et accueillante de la grâce divine.

5. La Grâce comme Réponse au Message de Jésus

Le message de Jésus appelle à une réponse de foi et de transformation. Accepter la grâce offerte par Jésus implique un engagement à vivre une vie nouvelle. Paul souligne que la grâce est un don, mais aussi une invitation à vivre en accord avec cette réalité (Tite 2, 11 - 12). La grâce reçue doit se manifester dans notre manière de vivre, en suivant les enseignements de Jésus et en montrant la même grâce aux autres.

Conclusion

Jésus-Christ est l'incarnation parfaite de la grâce divine. À travers sa naissance, son ministère, sa mort et sa résurrection, il révèle et offre la plénitude de la grâce de Dieu. En comprenant et en recevant cette grâce, nous sommes appelés à vivre en réponse à cet amour inconditionnel, en partageant la grâce avec les autres et en reflétant l'amour de Dieu dans notre vie quotidienne. Jésus, par sa vie et son œuvre, nous montre le vrai visage de la grâce divine et nous invite à participer à son Royaume.

Ce chapitre vise à explorer comment Jésus-Christ incarne la grâce divine à travers sa vie, ses enseignements, sa mort et sa résurrection. Il met en lumière l'impact de la grâce sur notre vie quotidienne et notre appel à vivre selon cet exemple.

CHAPITRE VI

L'Appel Personnel de Jésus : Comment Jésus Invite Chacun à Lui Appartenir

L'appel personnel de Jésus est l'une des dimensions les plus profondes et significatives de son ministère. Jésus ne se contente pas de prêcher des vérités abstraites ou universelles ; il invite chaque individu à une relation personnelle avec lui. Cet appel est à la fois universel et spécifique, touchant la vie de chaque personne de manière unique. Ce chapitre explore comment Jésus appelle chacun à lui appartenir, en mettant en lumière la nature personnelle de cet appel et ses implications pour la vie des croyants.

1. L'Invitation Personnelle de Jésus

Jésus adresse des appels personnels tout au long de son ministère, soulignant qu'il ne traite pas les gens comme des entités abstraites mais comme des individus avec des histoires et des besoins uniques.

- **L'Appel des Disciples** : Jésus appelle ses premiers disciples de manière personnelle. Il dit à Pierre et à André : « Venez après moi, et je vous ferai devenir pêcheurs d'hommes » (Matthieu 4, 19). Cet appel est direct et personnel, engageant chaque disciple dans une relation active et transformative avec lui.

- **L'Appel à Lévi** : Lévi, aussi connu sous le nom de Matthieu, est appelé par Jésus à suivre le Seigneur (Marc 2, 14). Jésus le trouve au bureau des impôts et lui dit simplement : « Suis-moi ». Cette invitation modifie la trajectoire de sa vie, montrant que l'appel de Jésus peut transformer radicalement la vie des personnes.

2. L'Appel à la Conversion et au Suivi

Jésus appelle chacun à une conversion personnelle, un changement de cœur et d'esprit qui se traduit par un suivi actif.

- **La Conversion de Nicodème** : Nicodème, un membre du Sanhédrin, vient de nuit pour parler avec Jésus (Jean 3, 1 - 21). Jésus lui explique la nécessité d'une nouvelle naissance pour entrer dans le Royaume de Dieu. Cette conversation révèle que l'appel de Jésus est une invitation à une transformation intérieure profonde.
- **L'Appel au Suivi** : Jésus appelle non seulement à la conversion mais aussi à un suivi constant. Il dit à ses disciples : « Si quelqu'un veut venir après moi, qu'il renonce à lui-même, qu'il se charge de sa croix, et qu'il me suive » (Matthieu 16, 24). Cet appel implique un engagement quotidien à vivre selon les enseignements et les valeurs de Jésus.

3. L'Appel à l'Intimité Spirituelle

L'appel de Jésus est aussi une invitation à une intimité spirituelle profonde. Jésus ne se contente pas de nous inviter à le suivre ; il nous appelle à entrer dans une relation intime avec lui.

- **Les Paroles de Jésus à ses Amis** : Jésus appelle ses disciples « amis » plutôt que serviteurs (Jean 15, 15). Cette intimité est le fruit d'une relation proche et personnelle, où Jésus partage ses pensées et ses plans avec ses disciples.

- **L'Invitation à la Vie Abondante** : Jésus promet la vie abondante à ceux qui répondent à son appel (Jean 10, 10). Cette vie abondante n'est pas simplement une question de prospérité matérielle, mais une expérience profonde de la paix, de la joie et de la plénitude spirituelle en lui.

4. L'Appel à la Réconciliation et au Pardon

L'appel de Jésus comprend également une invitation à la réconciliation et au pardon. Jésus cherche à restaurer les relations brisées et à offrir le pardon aux pécheurs.

- **La Femme Adultère** : Jésus rencontre la femme surprise en adultère et lui dit : « Je ne te condamne pas non plus. Va, et ne pèche plus » (Jean 8, 11). Cet appel à ne pas pécher témoigne de la grâce et du pardon de Jésus, tout en offrant une nouvelle opportunité de vivre selon les commandements de Dieu.

- **Le Fils Prodigue** : La parabole du fils prodigue (Luc 15, 11 - 32) illustre la nature de l'appel de Jésus à la réconciliation. Le père accueille son fils avec amour et pardon, montrant que l'appel de Jésus est toujours ouvert à ceux qui se repentent et reviennent à lui.

5. L'Appel Universel et Personnel

L'appel de Jésus est universel dans son intention, mais il est personnel dans son application. Jésus appelle chaque personne, indépendamment de son passé, à entrer dans une relation personnelle avec lui.

- **L'Appel aux Nations** : Jésus donne le Grand Commandement de faire des disciples de toutes les nations (Matthieu 28, 19). Cet appel universel montre que la grâce de Dieu est disponible pour tous, sans distinction.
- **L'Appel Personnel à Chaque Individu** : Malgré l'universalité de cet appel, chaque personne reçoit une invitation personnelle. Jésus connaît les cœurs individuels et appelle chacun par son nom, comme il a fait avec Zachée (Luc 19, 5).

Conclusion

L'appel personnel de Jésus est un aspect fondamental de son ministère et de sa relation avec l'humanité. Il nous invite non seulement à le suivre, mais aussi à entrer dans une relation intime et transformative avec lui. Chaque appel est unique, touchant les vies de manière personnelle et spécifique. En répondant à cet appel, nous découvrons une nouvelle identité, une nouvelle direction, et une relation profonde avec le Seigneur. Jésus nous invite à lui appartenir pleinement, et cette invitation transforme nos vies pour l'éternité.

Ce chapitre vise à explorer la manière dont Jésus appelle chacun à lui appartenir, en mettant en lumière la dimension personnelle et transformante de cet appel. Il peut inclure des réflexions sur les implications de cet appel pour la vie des croyants et des exemples pratiques pour aider à comprendre comment répondre à cette invitation divine.

<h1 style="text-align:center">CHAPITRE VII</h1>

La Grâce et le Pardon : Libération et Transformation à Travers la Grâce

La grâce et le pardon sont des éléments essentiels du message chrétien, offrant une libération radicale du poids du péché et une transformation profonde de la vie des croyants. Dans ce chapitre, nous explorerons comment la grâce divine rend possible le pardon, et comment ce pardon conduit à une libération spirituelle et à une transformation personnelle. Nous examinerons les principes bibliques du pardon et leurs implications pour notre vie quotidienne.

1. La Grâce comme Fondement du Pardon

Le pardon est intrinsèquement lié à la grâce de Dieu. La grâce est le don immérité que Dieu accorde aux êtres humains, tandis que le pardon est l'acte de libération qui découle directement de cette grâce.

- **La Définition du Pardon** : Le pardon, dans le contexte biblique, est l'acte par lequel Dieu choisit de ne pas nous tenir responsables de nos péchés, malgré notre mérite. Il ne s'agit pas simplement d'oublier les offenses, mais de rétablir une relation brisée (Éphésiens 1, 7).

- **La Grâce de Dieu et le Pardon** : La grâce de Dieu rend le pardon possible. Comme le dit Paul dans Tite 2, 11 : « La grâce de Dieu, source de salut pour tous les hommes, a été manifestée. » Cette grâce offre le pardon gratuitement à ceux qui croient en Jésus-Christ, indépendamment de leurs œuvres ou de leur statut.

2. L'Impact du Pardon : Libération du Fardeau du Péché

Le pardon apporté par la grâce divine entraîne une libération profonde et tangible du fardeau du péché. Cette libération est essentielle pour une vie chrétienne épanouie.

- **Libération de la Culpabilité** : Le pardon divin nous libère de la culpabilité et de la honte associées à nos péchés. Comme il est écrit dans Psaume 103, 12 : « Autant l'orient est éloigné de l'occident, autant il éloigne de nous nos transgressions. » Cette promesse assure que le pardon divin efface les accusations contre nous.

- **Réconciliation avec Dieu** : Le pardon offre une réconciliation complète avec Dieu, rétablissant la relation rompue par le péché. Paul explique dans 2 Corinthiens 5, 18 - 19 que Dieu « nous a réconciliés avec lui par Christ », nous permettant de retrouver une relation intime avec notre Créateur.

3. La Transformation à Travers le Pardon

Le pardon ne se limite pas à une libération du passé ; il inaugure également une transformation intérieure qui change la manière dont nous vivons et interagissons avec les autres.

- **Une Nouvelle Identité** : Le pardon en Jésus-Christ transforme notre identité. Paul dit dans 2 Corinthiens 5, 17 : « Si quelqu'un est en Christ, il est une nouvelle création ; les choses anciennes sont passées, voici, toutes choses sont devenues nouvelles. » Cette nouvelle identité est marquée par la liberté et la croissance spirituelle.

- **Une Vie Transformée** : Le pardon nous appelle à vivre différemment. En tant que personnes pardonnées, nous sommes appelés à refléter la grâce que nous avons reçue en transformant notre comportement et nos attitudes (Éphésiens 4, 32). Cela inclut le pardon des autres, la gestion des conflits avec miséricorde, et une vie empreinte de compassion.

4. Le Modèle de Jésus : Un Pardon Radical

Jésus lui-même est le modèle parfait de pardon radical. Son exemple nous enseigne comment vivre le pardon de manière concrète.

- **Le Pardon de Jésus sur la Croix** : L'exemple suprême de pardon est celui de Jésus sur la croix. Il dit : « Père, pardonne-leur, car ils ne savent ce qu'ils font » (Luc 23, 34). Ce pardon, offert même à ceux qui l'ont crucifié, démontre la profondeur et l'étendue du pardon que Jésus incarne.

- **Les Enseignements de Jésus sur le Pardon** : Jésus enseigne le pardon comme une priorité dans la vie chrétienne. Dans la parabole du serviteur impitoyable (Matthieu 18, 21 - 35), Jésus illustre l'importance de pardonner aux autres comme Dieu nous a pardonnés. Cette parabole montre que le pardon doit être illimité et sincère.

5. La Grâce et le Pardon dans la Vie Quotidienne

Comprendre et expérimenter la grâce et le pardon de Dieu a des implications pratiques pour notre vie quotidienne. Il est essentiel d'intégrer ces principes dans nos interactions avec les autres.

- **Pratiquer le Pardon** : Être réceptif à la grâce de Dieu nous pousse à offrir le pardon aux autres. Cela signifie choisir de libérer ceux qui nous ont offensés, même lorsque cela est difficile. Jésus appelle ses disciples à pardonner de tout cœur (Matthieu 6, 14 - 15).
- **Vivre en Grâce** : En recevant la grâce, nous sommes appelés à vivre en accord avec cette grâce, ce qui inclut l'humilité, la patience, et l'amour pour les autres. Vivre en grâce signifie reconnaître que, comme nous avons été pardonnés, nous devons également étendre cette grâce dans nos relations quotidiennes.

Conclusion

La grâce divine, en offrant le pardon, procure une libération radicale du péché et inaugure une transformation profonde dans la vie des croyants. Le pardon que nous recevons de Dieu est à la fois une libération du passé et une invitation à vivre une nouvelle vie marquée par la grâce.

En suivant l'exemple de Jésus, nous sommes appelés à vivre dans cette réalité de pardon et à la refléter dans notre vie quotidienne. La grâce et le pardon sont des dons puissants qui transforment notre relation avec Dieu et avec les autres, nous appelant à une vie de liberté, de paix et de compassion.

Ce chapitre vise à explorer comment la grâce divine permet le pardon et comment ce pardon conduit à une véritable libération et transformation dans la vie des croyants. Il inclut des réflexions sur les aspects pratiques du pardon et les implications pour la vie quotidienne.

CHAPITRE VIII

L'Amour Inconditionnel : La Force de l'Amour Divin dans Notre Vie

L'amour inconditionnel de Dieu est au cœur du message chrétien et constitue la force motrice derrière la grâce, le pardon et la transformation. Cet amour ne dépend pas des actions ou des mérites individuels mais est donné librement, indépendamment de nos fautes ou de nos réussites. Dans ce chapitre, nous explorerons la nature de l'amour divin, son impact sur notre vie quotidienne, et comment cet amour inconditionnel devient une force transformative dans nos relations avec les autres et avec Dieu.

1. La Nature de l'Amour Inconditionnel de Dieu

L'amour inconditionnel de Dieu est l'essence même de sa nature et le fondement de toutes ses actions envers l'humanité. Il est souvent décrit comme agape, un amour qui va au-delà des conditions et des attentes humaines.

- **Définition de l'Amour Inconditionnel** : L'amour inconditionnel est un amour qui ne se base pas sur des conditions ou des comportements particuliers. C'est un amour parfait, constant, et immuable, qui est donné sans réserve (1 Jean 4, 9 - 10). Dieu aime chaque personne indépendamment de ses actions, son statut ou ses mérites.

- **L'Amour de Dieu Manifesté en Christ** : L'amour de Dieu est pleinement révélé en Jésus-Christ. Comme il est écrit dans Jean 3, 16 : « Car Dieu a tant aimé le monde qu'il a donné son Fils unique, afin que quiconque croit en lui ne périsse point, mais qu'il ait la vie éternelle. » Jésus est le plus grand témoignage de cet amour inconditionnel, offrant sa vie pour la réconciliation de l'humanité avec Dieu.

2. L'Amour Inconditionnel et la Vie Quotidienne

L'amour divin ne se limite pas à un concept abstrait mais se manifeste dans notre vie quotidienne de manière concrète. Cet amour nous appelle à vivre selon ses principes et à réfléchir cet amour dans nos relations avec les autres.

- **Vivre selon l'Amour de Dieu** : Comprendre l'amour inconditionnel de Dieu nous pousse à vivre en réponse à cet amour. Cela implique d'adopter une attitude d'amour et de compassion envers les autres, même lorsque cela est difficile. Paul nous exhorte à vivre cet amour dans nos actions quotidiennes (1 Corinthiens 13, 4 - 7).

- **L'Amour dans les Relations Interpersonnelles** : L'amour inconditionnel de Dieu est un modèle pour nos relations humaines. En pratiquant cet amour, nous sommes appelés à dépasser les conflits, les jugements, et les attentes conditionnelles. Jésus enseigne à aimer nos ennemis et à prier pour ceux qui nous persécutent (Matthieu 5, 44). Cet amour radical est un témoignage puissant de la grâce et de la miséricorde de Dieu.

3. L'Amour Inconditionnel et le Pardon

L'amour inconditionnel est étroitement lié au pardon. Il nous permet de pardonner aux autres de manière authentique et complète, reflétant ainsi l'amour que nous avons reçu de Dieu.

- **Le Pardon Comme Expression de l'Amour** : Le pardon est une expression directe de l'amour inconditionnel. En tant que personnes pardonnées, nous sommes appelées à offrir le pardon aux autres, indépendamment de ce qu'ils ont fait (Éphésiens 4, 32). Le pardon véritable est motivé par l'amour et non par les mérites ou les regrets.

- **Surmonter les Blessures et les Conflits** : L'amour inconditionnel nous aide à surmonter les blessures et les conflits. En pratiquant cet amour, nous choisissons de ne pas laisser les offenses et les blessures définir nos relations, mais de les transformer par la grâce et le pardon.

4. L'Amour Inconditionnel et la Croissance Spirituelle

L'amour inconditionnel de Dieu joue un rôle crucial dans notre croissance spirituelle. Il nous transforme et nous pousse à nous rapprocher de Dieu et à vivre selon ses principes.

- **L'Amour qui Transforme** : L'amour inconditionnel de Dieu est une force transformative dans nos vies. En expérimentant cet amour, nous grandissons dans notre relation avec Dieu et devenons plus comme Christ. Comme Paul le dit dans 2 Corinthiens 5, 14, « L'amour de Christ nous presse », nous incitant à vivre pour lui.

- **L'Amour comme Source de Force Spirituelle** : Cet amour divin est également une source de force dans les moments de difficulté et de défi. La connaissance de l'amour de Dieu pour nous nous donne la confiance et la paix nécessaires pour affronter les épreuves, sachant que nous sommes soutenus et aimés inconditionnellement (Romains 8, 38 - 39).

5. L'Amour Inconditionnel et la Mission Chrétienne

L'amour inconditionnel de Dieu nous pousse également à partager ce message avec le monde. Il constitue le fondement de notre mission chrétienne et notre appel à répandre la bonne nouvelle de Jésus-Christ.

- **Partager l'Amour de Dieu** : La mission chrétienne est motivée par l'amour inconditionnel que nous avons reçu. Nous sommes appelés à témoigner de cet amour à travers notre vie et notre message, en partageant la grâce et le pardon que Dieu offre à tous (Matthieu 28, 19 - 20).

- **L'Amour en Action** : Le véritable témoignage de l'amour divin se manifeste par des actions concrètes de service et de compassion envers les autres. Jésus nous appelle à aimer notre prochain comme nous-mêmes (Matthieu 22, 39), un principe qui guide notre mission et notre service dans le monde.

Conclusion

L'amour inconditionnel de Dieu est une force puissante qui transforme notre vie de manière profonde et radicale. En recevant cet amour, nous sommes appelés à le vivre, à le refléter dans nos relations avec les autres, et à le partager avec le monde. Cet amour, qui est la manifestation ultime de la grâce divine, nous donne une nouvelle perspective sur notre vie, notre identité, et notre mission. En répondant à cet amour, nous découvrons une force intérieure qui nous pousse à vivre selon les principes du Royaume de Dieu, en offrant amour, pardon, et compassion à ceux qui nous entourent.

Ce chapitre vise à explorer comment l'amour inconditionnel de Dieu impacte notre vie quotidienne, notre croissance spirituelle, et notre mission dans le monde. Il inclut des réflexions sur les implications pratiques de cet amour et des exemples de la manière dont il peut être vécu et partagé.

CHAPITRE IX

La Vie Nouvelle en Christ : La Transformation Intérieure

La vie nouvelle en Christ est l'une des promesses les plus puissantes du christianisme. Lorsqu'une personne accepte Jésus comme Seigneur et Sauveur, elle entre dans une transformation intérieure radicale qui change fondamentalement sa manière de penser, de ressentir et d'agir. Ce chapitre explore ce que signifie vivre une vie nouvelle en Christ, comment cette transformation se manifeste dans notre quotidien, et comment nous pouvons collaborer avec Dieu dans ce processus de renouvellement.

1. La Promesse de la Vie Nouvelle

La vie nouvelle en Christ est une promesse qui découle de la foi en Jésus. Cette transformation commence au moment où nous acceptons le Christ et continue tout au long de notre vie chrétienne.

- **La Nouvelle Création** : Comme il est écrit dans 2 Corinthiens 5, 17, « Si quelqu'un est en Christ, il est une nouvelle création ; les choses anciennes sont passées, voici, toutes choses sont devenues nouvelles. » Cette promesse indique que le croyant est renouvelé spirituellement, avec une nouvelle identité en Christ qui remplace l'ancienne nature pécheresse.

- **La Réconciliation avec Dieu** : La vie nouvelle commence par une réconciliation avec Dieu, rétablissant la relation brisée par le péché. Paul décrit cette réconciliation dans Colossiens 1, 21 - 22, affirmant que nous avons été réconciliés par la mort de Christ pour être « saints, irrépréhensibles et sans reproche devant lui ».

2. La Transformation Intérieure : Un Nouveau Cœur et une Nouvelle Mentalité

La transformation intérieure est au cœur de la vie nouvelle. Ce renouvellement affecte nos pensées, nos émotions et nos actions.

- **Un Nouveau Cœur** : Dieu promet de nous donner un nouveau cœur et un nouvel esprit. Ézéchiel 36, 26 - 27 nous assure que Dieu enlèvera notre cœur de pierre et nous donnera un cœur de chair, nous permettant de suivre ses lois et de marcher dans ses voies. Ce changement profond transforme nos désirs et nos motivations, orientant notre vie vers la justice et la sainteté.

- **Le Renouvellement de l'Esprit** : Paul exhorte les croyants à se renouveler dans leur esprit et leur intelligence (Éphésiens 4, 23). Ce renouvellement implique un changement dans notre manière de penser et de percevoir le monde, en alignant nos pensées avec la vérité de Dieu révélée dans sa Parole.

3. La Vie Nouvelle et les Fruits du Saint-Esprit

La transformation intérieure se manifeste également par les fruits du Saint-Esprit dans la vie du croyant. Ces fruits témoignent de la présence et de l'œuvre de l'Esprit en nous.

- **Les Fruits du Saint-Esprit** : Dans Galates 5, 22 - 23, Paul énumère les fruits du Saint-Esprit : amour, joie, paix, patience, bonté, bienveillance, fidélité, douceur, et maîtrise de soi. Ces caractéristiques reflètent la transformation intérieure et sont des preuves visibles de la vie nouvelle en Christ.

- **Le Développement des Vertus Chrétiennes** : La vie nouvelle en Christ pousse les croyants à développer des vertus chrétiennes qui reflètent le caractère de Jésus. Les vertus comme la compassion, l'humilité, et la gentillesse deviennent de plus en plus présentes dans notre vie quotidienne.

4. La Vie Nouvelle : Un Processus Continu de Sanctification

La vie nouvelle en Christ est un processus continu de sanctification, où nous grandissons et nous nous transformons à l'image de Jésus.

- **Le Processus de Sanctification** : La sanctification est le processus par lequel nous sommes rendus de plus en plus conformes à l'image de Christ. Paul parle de ce processus dans 1 Thessaloniciens 5, 23 - 24, où il prie pour que « votre esprit, votre âme et votre corps » soient préservés irréprochables jusqu'à l'arrivée du Seigneur. Ce processus implique une coopération continue avec l'Esprit Saint pour grandir dans la foi et la maturité chrétienne.

- **La Collaboration avec Dieu** : Bien que la transformation soit l'œuvre de Dieu, elle nécessite notre coopération active. Nous sommes appelés à travailler avec l'Esprit en cultivant des pratiques spirituelles telles que la prière, l'étude de la Bible, et la participation à la communauté chrétienne.

5. Vivre la Vie Nouvelle dans les Relations et les Défis Quotidiens

La vie nouvelle en Christ affecte également nos relations et notre réponse aux défis de la vie quotidienne.

- **Relations Transformées** : La transformation intérieure se manifeste dans la manière dont nous interagissons avec les autres. La vie nouvelle nous appelle à pratiquer l'amour, le pardon et la réconciliation dans nos relations. Paul nous exhorte à « supporter les uns les autres avec amour » (Éphésiens 4, 2) et à vivre en paix avec tous (Romains 12, 18).
- **Faire Face aux Défis** : Vivre la vie nouvelle nous aide à faire face aux défis et aux épreuves avec une perspective chrétienne. Nous sommes appelés à voir les difficultés comme des occasions de croissance spirituelle et à faire confiance à Dieu pour notre force et notre soutien (Jacques 1, 2 - 4).

Conclusion

La vie nouvelle en Christ est une transformation intérieure profonde qui change notre manière de vivre, de penser et de ressentir. Elle nous donne un nouveau cœur, une nouvelle mentalité, et un nouvel esprit, nous permettant de refléter le caractère de Jésus dans notre vie quotidienne. Ce processus de sanctification est une œuvre continue de Dieu en nous, à laquelle nous répondons par la foi, la prière et la coopération avec l'Esprit Saint. En vivant cette vie nouvelle, nous devenons des témoins vivants de la grâce et de la puissance transformante de Dieu, manifestant les fruits du Saint-Esprit et reflétant l'amour de Christ dans toutes nos interactions et défis quotidiens.

Ce chapitre vise à explorer comment la vie nouvelle en Christ entraîne une transformation intérieure qui impacte chaque aspect de la vie d'un croyant. Il aborde les éléments clés de cette transformation, y compris les aspects pratiques et spirituels du renouvellement personnel.

CHAPITRE X

Les Obstacles à l'Acceptation : Les Défis Personnels et Spirituels

L'acceptation de la grâce et de l'amour de Dieu est une étape fondamentale dans la vie chrétienne, mais elle est souvent confrontée à divers obstacles. Ces défis peuvent être personnels, émotionnels ou spirituels, et ils peuvent empêcher les individus de pleinement embrasser la grâce divine. Ce chapitre examine les principaux obstacles à l'acceptation de la grâce, en mettant l'accent sur les défis personnels et spirituels que les croyants peuvent rencontrer et en proposant des pistes pour les surmonter.

1. Les Obstacles Personnels à l'Acceptation

Les défis personnels peuvent profondément influencer notre capacité à accepter la grâce de Dieu. Ces obstacles sont souvent liés à nos expériences passées, à nos sentiments de culpabilité, ou à notre propre perception de nous-mêmes.

- **La Culpabilité et la Honte** : La culpabilité et la honte peuvent être des barrières majeures à l'acceptation de la grâce. Beaucoup de personnes se sentent indignes du pardon de Dieu en raison de leurs péchés passés ou de leurs erreurs (Psaume 38, 4). La honte peut conduire à l'isolement et à une incapacité à recevoir l'amour et le pardon divins.

- **L'Auto-Condamnation** : Certains individus luttent avec l'auto-condamnation, se blâmant sévèrement pour leurs échecs ou leurs péchés. Cette auto-condamnation peut les empêcher de croire que Dieu peut réellement les pardonner et les accepter. Paul rappelle dans Romains 8, 1 que « il n'y a maintenant aucune condamnation pour ceux qui sont en Christ Jésus ».

- **L'Incrédulité et le Doute** : Le doute et l'incrédulité peuvent également constituer des obstacles. Les personnes qui ont du mal à croire à l'amour inconditionnel de Dieu ou à la réalité du pardon peuvent se sentir distantes de Dieu. Jean 20, 27 montre comment Jésus invite Thomas à croire et à ne pas douter, soulignant que la foi est essentielle pour embrasser la grâce divine.

2. Les Obstacles Spirituels à l'Acceptation

Les défis spirituels peuvent influencer notre capacité à accepter et à vivre pleinement la grâce de Dieu. Ces obstacles incluent des questions de foi, de compréhension spirituelle et de résistance intérieure.

- **Les Conceptions Erronées de Dieu** : Une vision incorrecte de Dieu peut entraver l'acceptation de sa grâce. Si une personne perçoit Dieu comme distant, sévère ou uniquement juste, elle peut avoir du mal à croire en sa miséricorde et en son amour inconditionnel (Matthieu 7, 11). Il est crucial de comprendre que Dieu est plein d'amour et de compassion (Exode 34, 6).

- **La Résistance à la Transformation** : Parfois, les croyants peuvent résister au processus de transformation que la grâce implique. La vie nouvelle en Christ nécessite un abandon des anciennes habitudes et des comportements pécheurs, ce qui peut être difficile pour ceux qui s'accrochent à leur ancien mode de vie (Romains 12, 2). Cette résistance peut découler de la peur de l'inconnu ou de l'attachement à des comportements familiers.

- **Les Luttes Spirituelles et les Tentations** : Les luttes spirituelles et les tentations peuvent également constituer des obstacles. Les croyants peuvent se sentir découragés par leurs faiblesses persistantes et leurs échecs répétés, se demandant si la grâce de Dieu est réellement suffisante pour les couvrir (2 Corinthiens 12, 9). La Bible nous assure que la grâce de Dieu est suffisante et qu'il nous donne la force pour surmonter les épreuves.

3. Surmonter les Obstacles : Voies vers l'Acceptation

Pour surmonter les obstacles à l'acceptation de la grâce, il est essentiel de développer une compréhension plus profonde de Dieu et de son amour, tout en abordant les défis personnels et spirituels avec des pratiques spirituelles solides.

- **Affronter la Culpabilité et la Honte** : Apprendre à traiter la culpabilité et la honte en se tournant vers les promesses de pardon et de réconciliation de Dieu est crucial. Méditer sur des versets tels que 1 Jean 1, 9, qui assure que Dieu est fidèle pour nous pardonner nos péchés, peut aider à rétablir la confiance en la grâce divine.

- **Cultiver la Foi et la Confiance** : Développer une foi profonde en l'amour de Dieu est essentiel pour surmonter le doute et l'incrédulité. La prière, la lecture des Écritures et la participation à des études bibliques peuvent renforcer la compréhension et la confiance en la nature de Dieu et de sa grâce (Hébreux 11, 6).

- **Accepter la Transformation** : Accepter la transformation que la grâce apporte nécessite de la volonté et du courage. Il est important de prier pour obtenir la force de changer, de se confier à des mentors spirituels, et de s'engager dans des pratiques spirituelles qui soutiennent la croissance personnelle et la sanctification (Philippiens 2, 13).

- **Chercher le Soutien de la Communauté Chrétienne** : La communauté chrétienne joue un rôle clé dans l'acceptation de la grâce. La communion avec d'autres croyants, les groupes de soutien et les conseils pastoraux peuvent fournir l'encouragement nécessaire pour surmonter les obstacles et vivre pleinement la grâce de Dieu (Hébreux 10, 24 - 25).

Conclusion

Les obstacles à l'acceptation de la grâce divine peuvent être personnels ou spirituels, mais chacun de ces défis peut être surmonté par la compréhension, la foi, et la pratique spirituelle. En affrontant la culpabilité, en renforçant notre foi, et en acceptant la transformation que la grâce de Dieu implique, nous pouvons pleinement embrasser la vie nouvelle en Christ. La clé est de se tourner vers Dieu pour obtenir la force et la sagesse nécessaires pour surmonter ces obstacles et vivre une vie enrichie par sa grâce et son amour inconditionnel.

Ce chapitre vise à identifier et à comprendre les obstacles courants à l'acceptation de la grâce divine, tout en proposant des stratégies pratiques pour les surmonter. Il est conçu pour offrir des conseils utiles pour ceux qui luttent avec des défis personnels ou spirituels en matière de foi et de relation avec Dieu.

3. La Grâce comme Source de Force et de Résilience

La grâce de Dieu ne se contente pas de nous offrir la paix ; elle nous donne également la force et la résilience nécessaires pour affronter les défis avec courage.

- **La Force dans la Faiblesse** : Dieu utilise nos moments de faiblesse pour manifester sa puissance. Dans nos épreuves, la grâce divine nous rend capables de faire face à des situations qui nous semblent autrement impossibles à supporter. Cette force est une manifestation de la puissance de Dieu qui se révèle dans notre vulnérabilité (2 Corinthiens 12, 10).

- **La Résilience Spirituelle** : La grâce de Dieu nous donne la résilience nécessaire pour persévérer à travers les difficultés. Romains 5, 3 - 4 nous assure que les épreuves produisent la persévérance, le caractère, et l'espérance. La grâce de Dieu nous aide à rester fermes et déterminés, même lorsque nous faisons face à des obstacles et des souffrances prolongés.

4. La Grâce dans les Épreuves : Témoignages et Exemples

Les Écritures regorgent de témoignages de personnes ayant expérimenté la grâce de Dieu dans leurs épreuves. Ces exemples nous offrent des encouragements et des leçons précieuses.

- **L'Exemple de Job** : Job est un exemple puissant de quelqu'un qui a connu des souffrances extrêmes mais qui a trouvé la grâce de Dieu dans ses épreuves. Malgré la perte de sa famille, de sa richesse et de sa santé, Job a affirmé sa foi en Dieu et a finalement reçu une double bénédiction (Job 42, 10). Son histoire illustre comment la grâce peut nous soutenir et nous restaurer au-delà de nos pires moments.

- **L'Exemple de Paul en Prison** : L'apôtre Paul, malgré ses emprisonnements et ses souffrances, a trouvé la paix et la joie en Christ. Dans Philippiens 1, 12 - 14, il exprime que ses chaînes ont servi à faire avancer l'Évangile, montrant que même dans les circonstances les plus difficiles, la grâce de Dieu peut produire des fruits et des opportunités pour le Royaume de Dieu.

5. La Perspective Éternelle : La Grâce au-delà des Épreuves

Il est important de voir les épreuves dans une perspective éternelle. La grâce de Dieu nous aide à comprendre que les souffrances présentes ne sont rien comparées à la gloire à venir.

- **L'Espérance de la Gloire à Venir** : 2 Corinthiens 4, 17 - 18 nous rappelle que « nos légères afflictions du moment présent produisent pour nous, au-delà de toute mesure, un poids éternel de gloire, parce que nous regardons non aux choses visibles, mais à celles qui sont invisibles. » Cette perspective nous aide à affronter les épreuves avec l'espoir certain que Dieu prépare quelque chose de bien plus grand pour nous.

- **La Consolation et l'Espoir en Christ** : La grâce de Dieu nous offre la consolation et l'espoir que, même si nous faisons face à des épreuves maintenant, Dieu nous réconfortera et nous donnera la victoire finale. Ce réconfort est fondé sur la promesse de la restauration et du renouvellement complet qui nous attend en Christ (Apocalypse 21, 4).

Conclusion

La grâce de Dieu est une source essentielle de paix, de force et de résilience dans les moments difficiles. Elle nous aide à trouver la paix au milieu des épreuves, à développer une résilience spirituelle et à voir les souffrances sous une perspective éternelle. En nous appuyant sur la grâce divine, nous pouvons affronter les défis avec confiance, savoir que nous ne sommes jamais seuls, et comprendre que Dieu utilise même les épreuves pour réaliser ses desseins pour notre vie. La grâce de Dieu transforme notre expérience de la souffrance, nous offrant une paix profonde et une espérance qui transcendent les circonstances.

Ce chapitre vise à offrir des encouragements et des perspectives pratiques pour comprendre et expérimenter la grâce de Dieu pendant les épreuves, en mettant l'accent sur la paix, la force, et la résilience que cette grâce peut apporter.

CHAPITRE XII

La Grâce et la Communauté : L'Impact sur les Relations et l'Église

La grâce divine n'affecte pas seulement la relation entre un individu et Dieu, mais elle transforme également la manière dont nous interagissons avec les autres, en particulier au sein de la communauté chrétienne. Une compréhension profonde de la grâce peut profondément influencer nos relations interpersonnelles et la vie de l'église. Ce chapitre explore comment la grâce de Dieu impacte nos relations au sein de la communauté chrétienne et comment elle peut renforcer la cohésion et la mission de l'église.

1. La Grâce comme Fondement des Relations Interpersonnelles

La grâce de Dieu devrait être le fondement sur lequel reposent toutes nos relations. Elle nous appelle à traiter les autres avec la même miséricorde et le même amour que Dieu nous accorde.

- **L'Appel au Pardon Mutuel** : La grâce divine nous pousse à pardonner les offenses comme Dieu nous pardonne. Dans Colossiens 3, 13, Paul exhorte les croyants à « supporter les uns les autres et à vous pardonner mutuellement si l'un de vous a un grief contre l'autre. » Le pardon basé sur la grâce permet de restaurer et de maintenir des relations saines et harmonieuses.

- **L'Expression de l'Amour Inconditionnel** : La grâce nous enseigne à aimer les autres de manière inconditionnelle. 1 Jean 4, 19 dit : « Nous l'aimons, parce que lui nous a aimés le premier. » L'amour gracieux dépasse les limites des erreurs humaines et des défauts, créant des relations fondées sur l'acceptation et la compréhension mutuelles.

2. La Grâce et la Réconciliation dans la Communauté

La réconciliation est un aspect crucial de la vie communautaire chrétienne, et la grâce joue un rôle essentiel dans ce processus.

- **La Grâce dans les Conflits** : Les conflits et les désaccords sont inévitables dans toute communauté. La grâce offre un cadre pour résoudre les conflits avec humilité et compassion. Matthieu 18, 15 - 17 fournit des principes pour aborder les conflits et rechercher la réconciliation, en mettant l'accent sur le pardon et la restauration des relations.

- **La Restauration des Relations Brisées** : La grâce permet de restaurer les relations qui ont été brisées. Galates 6, 1 nous appelle à restaurer ceux qui sont surpris dans une faute avec un esprit de douceur. La grâce donne la force de réparer les blessures et de reconstruire les relations endommagées, contribuant à l'unité et à la croissance de la communauté chrétienne.

3. L'Impact de la Grâce sur la Vie de l'Église

La grâce divine influence profondément la vie et la mission de l'église, façonnant sa culture et ses activités.

- **Une Culture de Grâce dans l'Église** : Une église qui comprend et pratique la grâce divine crée une culture accueillante et encourageante. Dans Actes 4, 33, nous voyons que « la grâce était sur eux tous », créant une communauté où les besoins des autres étaient pourvus avec générosité et solidarité. Une culture de grâce favorise la croissance spirituelle et l'amour fraternel.

- **La Mission et le Témoignage de l'Église** : La grâce est également un élément central de la mission de l'église. En manifestant la grâce dans nos interactions et notre service, l'église témoigne de l'amour de Dieu au monde. 2 Corinthiens 5, 18 - 19 nous rappelle que Dieu nous a réconciliés avec lui-même et nous a confiés le ministère de la réconciliation, ce qui implique de partager la grâce avec ceux qui sont éloignés de Dieu.

4. La Grâce et la Pratique des Dons Spirituels

Les dons spirituels sont des moyens par lesquels la grâce de Dieu se manifeste au sein de la communauté chrétienne. Ces dons sont donnés pour le service et l'édification mutuelle.

- **Les Dons Spirituels comme Expression de la Grâce** : Les dons spirituels, tels que la prophétie, le service, l'enseignement, et l'encouragement, sont des manifestations de la grâce de Dieu dans l'église. 1 Corinthiens 12, 4 - 7 enseigne que « les dons sont divers, mais c'est le même Esprit ; il y a diversité de ministères, mais c'est le même Seigneur ; il y a diversité d'opérations, mais c'est le même Dieu qui opère tout en tous. »

- **La Coordination des Dons pour le Bien Commun** : Les dons spirituels doivent être utilisés pour le bien de la communauté. Éphésiens 4, 12 nous dit que les dons sont donnés pour « l'édification du corps de Christ, jusqu'à ce que nous parvenions tous à l'unité de la foi et de la connaissance du Fils de Dieu. » La grâce dans l'utilisation des dons assure que chaque membre contribue à l'ensemble de manière harmonieuse et efficace.

5. Les Défis et les Opportunités pour Vivre la Grâce dans la Communauté

Bien que la grâce offre de nombreux avantages pour les relations et la vie communautaire, il y a des défis à relever pour la mettre en pratique.

- **Les Défis de la Mise en Pratique** : Mettre en pratique la grâce peut être difficile, surtout lorsqu'on est confronté à des conflits ou à des comportements difficiles. La tentation de juger ou de réagir avec amertume peut compliquer la mise en œuvre de la grâce. Cependant, en nous appuyant sur la force de l'Esprit Saint et en persévérant dans l'amour, nous pouvons surmonter ces défis.

- **Les Opportunités de Croissance** : Pratiquer la grâce offre des opportunités pour une croissance spirituelle profonde et une meilleure cohésion communautaire. En travaillant ensemble pour refléter la grâce de Dieu, nous créons une communauté qui est un témoignage vivant de l'amour et de la miséricorde de Dieu, attirant les autres vers Christ.

Conclusion

La grâce de Dieu a un impact transformateur sur nos relations et la vie de l'église. Elle nous appelle à pardonner, à réconcilier, et à vivre en harmonie avec les autres. En créant une culture de grâce, nous construisons des communautés chrétiennes qui reflètent l'amour et la miséricorde de Dieu, favorisant une unité et un témoignage puissants. En surmontant les défis et en saisissant les opportunités offertes par la grâce, nous participons activement à la mission de Dieu et à la construction de son Royaume sur terre.

Ce chapitre est conçu pour montrer comment la grâce divine influence non seulement nos relations individuelles mais aussi la vie collective de l'église. Il souligne l'importance de la grâce dans la réconciliation, la mission, et la pratique des dons spirituels, tout en abordant les défis et opportunités liés à sa mise en pratique.

CHAPITRE XIII

La Grâce au Quotidien : Comment Vivre en Grâce Chaque Jour

Vivre en grâce n'est pas simplement une expérience ponctuelle mais un mode de vie quotidien. La grâce de Dieu nous appelle à une existence transformée qui se manifeste dans nos pensées, nos actions, et nos interactions chaque jour. Ce chapitre explore comment intégrer la grâce de Dieu dans les aspects pratiques de notre vie quotidienne, en faisant de cette grâce un élément central de notre expérience quotidienne.

1. Comprendre la Grâce au Quotidien

Pour vivre en grâce chaque jour, il est crucial de comprendre ce que cela signifie et comment cela peut se traduire dans notre vie quotidienne.

- **La Grâce comme Réalité Continue** : La grâce de Dieu est une réalité constante, pas un événement isolé. Nous sommes appelés à vivre sous l'influence continue de cette grâce, qui nous soutient, nous guide, et nous transforme. La compréhension que la grâce est toujours disponible nous encourage à l'accueillir quotidiennement dans toutes les situations.

- **L'Acceptation et la Reconnaissance de la Grâce** : Reconnaître la grâce dans notre vie quotidienne implique d'admettre que tout ce que nous avons est un don de Dieu. Cela signifie être conscient de notre dépendance à la grâce divine pour nos besoins spirituels, émotionnels, et physiques. La reconnaissance quotidienne de cette grâce nous permet de vivre avec gratitude et humilité (Jacques 1, 17).

2. La Grâce dans les Relations Personnelles

Les relations personnelles sont des contextes essentiels pour vivre la grâce de manière concrète. La manière dont nous traitons les autres reflète directement notre compréhension et notre expérience de la grâce.

- **Pratiquer le Pardon et la Patience** : La grâce se manifeste par le pardon des offenses et la patience envers les autres. Nous sommes appelés à étendre la même miséricorde que nous avons reçue à ceux qui nous entourent. Dans Éphésiens 4, 32, Paul exhorte : « Soyez bons les uns envers les autres, compatissants, vous pardonnant réciproquement, comme Dieu vous a pardonné en Christ. »

- **Faire Preuve de Compassion et d'Amour** : Vivre en grâce implique de montrer de la compassion et de l'amour inconditionnel. Cela se traduit par des actes de gentillesse, des paroles encourageantes, et un soutien sincère. Galates 5, 14 nous rappelle que « toute la loi est accomplie dans une seule parole, dans celle-ci : Tu aimeras ton prochain comme toi-même. »

3. La Grâce dans le Travail et les Responsabilités Quotidiennes

La grâce de Dieu peut également transformer la manière dont nous abordons notre travail et nos responsabilités quotidiennes.

- **Exécuter nos Tâches avec Diligence et Intégrité** : Travailler avec diligence et intégrité est un reflet de la grâce que nous avons reçue. Colossiens 3, 23 - 24 nous enseigne à travailler de tout notre cœur, comme pour le Seigneur et non pour les hommes. Cela implique d'aborder nos responsabilités avec un esprit de service et de gratitude.

- **Trouver l'Équilibre et la Paix** : La grâce nous aide à trouver l'équilibre dans nos responsabilités sans nous laisser submerger par le stress ou la pression. La paix que Dieu offre nous permet de gérer nos tâches quotidiennes avec calme et sérénité, même face aux défis (Matthieu 11, 28 - 30).

4. La Grâce dans les Défis et les Épreuves

Les défis et les épreuves sont des moments cruciaux où la grâce de Dieu peut se manifester puissamment.

- **Rechercher la Force dans la Faiblesse** : En période de difficultés, la grâce nous donne la force nécessaire pour faire face aux défis. 2 Corinthiens 12, 9 nous assure que la grâce de Dieu est suffisante et que sa puissance se manifeste dans notre faiblesse. En nous appuyant sur cette grâce, nous pouvons trouver courage et persévérance.

- **Maintenir l'Espérance et la Confiance** : Vivre en grâce au quotidien implique de maintenir l'espérance et la confiance en Dieu même dans les moments d'incertitude. Nous pouvons nous ancrer dans les promesses de Dieu et chercher sa direction à travers la prière et les Écritures pour nous guider dans les moments difficiles (Romain 15, 13).

5. La Grâce dans la Vie Spirituelle Personnelle

Intégrer la grâce dans notre vie spirituelle personnelle est essentiel pour une relation dynamique avec Dieu.

- **La Prière et la Méditation** : La prière et la méditation des Écritures sont des moyens par lesquels nous recevons et expérimentons la grâce de Dieu. Ces pratiques nous permettent de rester connectés à Dieu et de recevoir son soutien quotidien. Hébreux 4, 16 nous encourage à nous approcher avec assurance du trône de la grâce pour obtenir miséricorde et trouver grâce.

- **La Croissance Spirituelle et la Transformation** : La grâce de Dieu est aussi le moteur de notre croissance spirituelle. En permettant à la grâce de transformer notre cœur et notre esprit, nous participons activement à la sanctification et à la maturation dans la foi. Philippiens 2, 13 nous rappelle que c'est Dieu qui opère en nous le vouloir et le faire, selon son bon plaisir.

6. Témoigner de la Grâce au Monde

Enfin, vivre en grâce implique de témoigner de cette grâce au monde autour de nous.

- **Être un Témoignage de la Grâce Divine** : Nos actions, nos attitudes, et notre façon de vivre devraient refléter la grâce de

Dieu. En montrant de la gentillesse, du pardon, et de l'amour envers ceux qui nous entourent, nous témoignons de la réalité de la grâce divine. Matthieu 5, 16 nous appelle à laisser notre lumière briller devant les hommes pour qu'ils voient nos bonnes œuvres et glorifient notre Père qui est dans les cieux.

- **Partager le Message de la Grâce** : La grâce que nous avons reçue nous pousse également à partager le message de l'Évangile avec ceux qui ne connaissent pas encore Dieu. En étant des ambassadeurs de la grâce, nous participons à la mission de Dieu de réconciliation et de salut pour tous les peuples.

Conclusion

Vivre en grâce chaque jour signifie intégrer la réalité de la grâce divine dans tous les aspects de notre vie. Cela nous appelle à vivre avec humilité, à pratiquer le pardon et la compassion, à aborder nos responsabilités avec intégrité, et à faire confiance à Dieu dans les épreuves. En faisant de la grâce le fondement de nos relations, de notre travail, et de notre vie spirituelle, nous reflétons l'amour et la miséricorde de Dieu au monde. La grâce est non seulement un don reçu, mais aussi une manière de vivre qui transforme notre quotidien et notre témoignage.

Ce chapitre fournit des orientations pratiques sur la manière de vivre en grâce dans divers aspects de la vie quotidienne, allant des relations personnelles à la vie professionnelle, en passant par la gestion des défis et la croissance spirituelle. Il met également l'accent sur l'importance de témoigner de la grâce divine au monde.

CHAPITRE XIV

La Prière comme Expression de la Grâce : Communiquer avec Dieu

La prière est un aspect fondamental de la vie chrétienne, servant de pont entre notre vie quotidienne et la dimension divine. Elle est une expression profonde de la grâce de Dieu, un moyen par lequel nous communiquons avec Lui et recevons Son amour et Son soutien. Ce chapitre explore comment la prière est liée à la grâce divine, comment elle nous aide à approfondir notre relation avec Dieu, et comment elle peut être vécue comme une réponse à la grâce que nous avons reçue.

1. La Prière comme Réponse à la Grâce de Dieu

La prière est d'abord une réponse à la grâce que Dieu nous a accordée. C'est un acte de reconnaissance et de gratitude envers Celui qui nous a aimés et soutenus.

- **La Prière comme Expression de Gratitude** : Lorsque nous prions, nous exprimons notre gratitude pour la grâce et les bénédictions que nous avons reçues. 1 Thessaloniciens 5, 16 - 18 nous encourage à « rendre grâce en toutes choses ». La prière est un moyen par lequel nous reconnaissons que tout ce que nous avons est un don de Dieu et nous Lui exprimons notre reconnaissance.

- **La Prière comme Acte de Confiance** : La prière est également un acte de confiance en la fidélité de Dieu. En nous adressant à Lui dans la prière, nous affirmons notre foi en Sa capacité à répondre à nos besoins et à diriger nos vies. Hébreux 11, 6 nous rappelle que « sans la foi il est impossible de lui être agréable ; car il faut que celui qui s'approche de Dieu croie que Dieu existe et qu'il récompense ceux qui le cherchent. »

2. La Nature de la Prière : Dialogue et Relation

La prière n'est pas seulement une demande de bénédictions, mais un dialogue profond et personnel avec Dieu.

- **Un Dialogue Personnel avec Dieu** : La prière est une conversation intime avec Dieu, où nous Lui parlons de nos pensées, sentiments et besoins. Dieu nous invite à Le rencontrer dans un dialogue personnel, comme nous le montre Matthieu 6, 6 : « Quand tu pries, entre dans ta chambre, ferme la porte, et prie ton Père qui est dans le secret ; et ton Père qui voit dans le secret te le rendra. »

- **Écouter Dieu à Travers la Prière** : La prière n'est pas seulement un monologue ; c'est aussi une occasion d'écouter Dieu. La méditation et le silence sont des aspects importants de la prière qui nous permettent de recevoir des réponses et des directions de Dieu. Psaume 46, 10 nous invite à « être calme et savoir que je suis Dieu. »

3. Les Différentes Formes de Prière

La prière peut prendre de nombreuses formes, chacune reflétant différents aspects de notre relation avec Dieu et de notre expérience de Sa grâce.

- **La Prière de Louange et d'Adoration** : Cette forme de prière se concentre sur la grandeur et la majesté de Dieu. Elle est une réponse à la reconnaissance de Sa grâce et de Sa souveraineté. Dans Psaume 100, 4, nous sommes invités à « entrer dans ses portes avec des actions de grâces, dans ses parvis avec des louanges ; célébrez-le, bénissez son nom ! »

- **La Prière de Supplication et de Demande** : Nous pouvons également adresser à Dieu nos besoins et nos demandes avec foi et humilité. Philippiens 4, 6 nous exhorte à « faire connaître vos besoins à Dieu par des prières et des supplications avec des actions de grâces. » Cette forme de prière reconnaît notre dépendance à la grâce de Dieu pour répondre à nos besoins.

- **La Prière de Confession et de Repentance** : La confession est un aspect important de la prière, où nous reconnaissons nos péchés et demandons pardon. 1 Jean 1, 9 promet que « si nous confessons nos péchés, il est fidèle et juste pour nous les pardonner et pour nous purifier de toute iniquité. » La confession ouvre la voie à la guérison et à la restauration, nous permettant de vivre dans la plénitude de la grâce.

4. La Prière comme Source de Force et de Consolation

La prière est une source essentielle de force et de réconfort dans notre vie spirituelle.

- **Recevoir la Force pour Faire Face aux Défis** : La prière nous permet de puiser dans la force de Dieu pour affronter les défis de la vie. Dans 2 Corinthiens 12, 9, Paul exprime que la grâce de Dieu est suffisante pour lui, et la prière est un moyen par lequel nous accédons à cette grâce et à cette force pour surmonter les difficultés.

- **Trouver le Réconfort et la Paix** : La prière est également une source de réconfort et de paix dans les moments de douleur et de confusion. Matthieu 11, 28 nous invite à « venir à moi, vous tous qui êtes fatigués et chargés, et je vous donnerai du repos. » Par la prière, nous expérimentons la paix de Dieu qui dépasse toute compréhension (Philippiens 4, 7).

5. La Prière et la Vie Communautaire

La prière joue un rôle important dans la vie de la communauté chrétienne, renforçant l'unité et la solidarité entre les croyants.

- **La Prière Collective et l'Unité de l'Église** : La prière collective renforce l'unité et la solidarité au sein de la communauté chrétienne. Actes 1, 14 montre les premiers disciples « d'un commun accord persévérant dans la prière. » La prière ensemble favorise un esprit de communion et d'encouragement mutuel.

- **Intercéder pour les Autres** : La prière d'intercession est un aspect essentiel de la vie communautaire, où nous portons les besoins des autres devant Dieu. 1 Timothée 2, 1 - 2 exhorte à faire « des prières, des supplications, des intercessions, des actions de grâces pour tous les hommes. » Intercéder pour les autres est une expression de l'amour et de la grâce que nous avons reçue.

6. Cultiver une Vie de Prière Continue

Pour vivre la prière comme expression de la grâce, il est important de cultiver une vie de prière continue et disciplinée.

- **Établir des Habitudes de Prière** : La discipline de la prière quotidienne nous aide à rester connectés à Dieu et à recevoir Sa grâce régulièrement. 1 Thessaloniciens 5, 17 nous exhorte à « prier sans cesse. » Créer des moments réguliers pour la prière et la méditation peut enrichir notre vie spirituelle et notre expérience de la grâce.

- **Intégrer la Prière dans la Vie Quotidienne** : Nous pouvons intégrer la prière dans notre vie quotidienne en adressant nos pensées et préoccupations à Dieu tout au long de la journée. Colossiens 3, 16 nous encourage à laisser la parole de Christ habiter en nous abondamment, ce qui inclut la pratique constante de la prière.

Conclusion

La prière est une expression vivante et dynamique de la grâce divine, nous permettant de communiquer avec Dieu et de recevoir Son amour et Son soutien. En comprenant la prière comme une réponse à la grâce, un dialogue personnel, et une source de force et de réconfort, nous pouvons approfondir notre relation avec Dieu et enrichir notre vie spirituelle. La prière collective et l'intercession pour les autres renforcent notre vie communautaire, et cultiver une vie de prière continue nous aide à vivre pleinement la grâce de Dieu au quotidien. En faisant de la prière une partie intégrante de notre vie, nous témoignons de notre dépendance à Dieu et de notre gratitude pour Sa grâce incommensurable.

Ce chapitre explore comment la prière est intrinsèquement liée à la grâce divine, offrant des perspectives pratiques pour intégrer la prière dans la vie quotidienne, en tant qu'expression de gratitude, de confiance, et de réconfort.

CHAPITRE XV

La Grâce et la Mission : Témoigner de la Grâce dans le Monde

La grâce divine n'est pas seulement une bénédiction personnelle mais aussi un appel à la mission. En tant que récipiendaires de la grâce de Dieu, nous sommes appelés à refléter cette grâce dans notre monde et à partager ce don précieux avec ceux qui nous entourent. Ce chapitre explore comment la grâce influence et guide notre mission chrétienne, et comment nous pouvons témoigner de cette grâce dans un monde qui en a désespérément besoin.

1. La Mission comme Réponse à la Grâce de Dieu

La mission chrétienne est une réponse naturelle à la grâce que nous avons reçue. En comprenant la profondeur de la grâce, nous sommes motivés à la partager avec les autres.

- **La Grâce comme Motif de la Mission** : La compréhension de la grâce divine nous pousse à désirer que d'autres expérimentent ce que nous avons reçu. 2 Corinthiens 5, 14 - 15 nous rappelle que « l'amour de Christ nous presse, parce que nous estimons que si un seul est mort pour tous, tous donc sont morts ; et il est mort pour tous, afin que ceux qui vivent ne vivent plus pour eux-mêmes, mais pour celui qui est mort et ressuscité pour eux. » La grâce reçue devient un puissant motif pour la mission et le service.

- **L'Appel à l'Action** : Nous sommes appelés à être des témoins de la grâce, non seulement par nos paroles mais aussi par nos actions. Matthieu 28, 19 - 20, connu comme le Grand Commandement, nous envoie « faire de toutes les nations des disciples. » Cette mission est enracinée dans la compréhension de la grâce que nous avons reçue et dans le désir de la partager.

2. Témoigner de la Grâce par nos Actions

Les actions sont souvent le moyen le plus puissant de témoigner de la grâce de Dieu. En pratiquant la grâce dans notre vie quotidienne, nous reflétons l'amour de Dieu au monde.

- **La Bienveillance et la Générosité** : La grâce se manifeste à travers des actes de bienveillance et de générosité envers les autres. Actes 20, 35 nous rappelle les paroles de Jésus : « Il y a plus de bonheur à donner qu'à recevoir. » En répondant aux besoins des autres avec générosité, nous témoignons de la grâce que Dieu a envers nous.

- **Le Service et l'Aide aux Démunis** : Servir les personnes en difficulté est une expression concrète de la grâce. Matthieu 25, 35 - 40 montre comment Jésus identifie le service aux plus démunis comme un service rendu à Lui-même. En aidant les pauvres, les malades, et les étrangers, nous manifestons la grâce de Dieu de manière tangible.

3. La Grâce dans la Prédication et l'Enseignement

Partager la grâce de Dieu à travers la prédication et l'enseignement est essentiel pour la mission chrétienne.

- **La Prédication de l'Évangile de la Grâce** : L'Évangile est le message central de la grâce divine. En prêchant l'Évangile, nous annonçons la bonne nouvelle que la grâce de Dieu est offerte à tous. Actes 20, 24 déclare que la mission des apôtres était de « rendre témoignage de l'Évangile de la grâce de Dieu. »

- **L'Enseignement de la Grâce** : Enseigner la grâce dans les églises et les groupes de disciples aide à construire une compréhension solide de ce concept fondamental. 2 Timothée 2, 2 exhorte à transmettre les enseignements aux autres, afin qu'ils puissent aussi enseigner et partager cette vérité.

4. La Grâce et le Témoignage Personnel

Le témoignage personnel est un outil puissant pour partager la grâce de Dieu avec ceux qui nous entourent.

- **Raconter Son Histoire de Grâce** : Chaque croyant a une histoire unique de la manière dont la grâce de Dieu a transformé sa vie. En partageant ces témoignages personnels, nous montrons comment la grâce a opéré dans nos vies. Jean 9, 25 illustre l'importance du témoignage personnel : « Je ne sais pas si c'est un pécheur ; je sais une chose : j'étais aveugle, et maintenant je vois. »

- **Vivre Selon la Grâce** : Vivre une vie transformée par la grâce attire l'attention sur Dieu. Nos actions et attitudes doivent refléter les valeurs et les principes de la grâce, ce qui suscite des questions et des opportunités pour partager le message de l'Évangile.

5. Les Défis de Témoigner de la Grâce

Témoigner de la grâce peut comporter des défis, mais ces défis ne doivent pas nous décourager.

- **Faire Face à l'Opposition** : Partager la grâce de Dieu peut parfois rencontrer de la résistance ou de l'opposition. Jean 15, 18 - 19 nous avertit que « si le monde vous déteste, sachez qu'il m'a haï avant vous. » Il est important de rester ferme dans notre mission, même face à l'opposition.

- **Maintenir la Pureté et l'Authenticité du Message** : Il est essentiel de maintenir l'authenticité et la pureté du message de la grâce. Galates 1, 6 - 9 nous met en garde contre la déformation de l'Évangile. Nous devons veiller à ce que notre message reste fidèle aux Écritures et reflète correctement la nature de la grâce de Dieu.

6. La Grâce et la Mission Globale

La mission chrétienne a une portée globale, et la grâce de Dieu est offerte à toutes les nations et tous les peuples.

- **Participer à la Mission Globale** : En tant que communauté chrétienne, nous sommes appelés à soutenir et à participer à la mission globale de l'Église. Matthieu 24, 14 dit que « cette bonne nouvelle du royaume sera prêchée dans le monde entier, pour servir de témoignage à toutes les nations. » Cela inclut les efforts de mission transculturels, les partenariats internationaux, et les initiatives pour la justice sociale.

- **Répondre aux Besoins Mondiaux avec Grâce** : La mission globale implique également de répondre aux besoins urgents du monde, tels que la pauvreté, les conflits, et les crises humanitaires, avec la grâce et l'amour de Dieu. Nous sommes appelés à être des agents de changement et de réconciliation à une échelle mondiale.

Conclusion

La grâce de Dieu est un don précieux que nous sommes appelés à partager avec le monde. En comprenant notre mission comme une réponse à la grâce reçue, nous sommes motivés à témoigner de cette grâce à travers nos actions, notre prédication, et notre témoignage personnel. Bien que des défis puissent surgir, nous devons persévérer dans notre mission avec l'assurance que la grâce de Dieu est suffisante pour nous soutenir. En participant à la mission globale de l'Église, nous contribuons à l'extension du Royaume de Dieu et à la proclamation de la bonne nouvelle de la grâce à toutes les nations.

Ce chapitre explore la manière dont la grâce de Dieu influence notre mission chrétienne, soulignant l'importance de partager cette grâce à travers nos actions, notre prédication, et notre témoignage personnel, tout en abordant les défis et les opportunités liés à la mission globale.

CHAPITRE XVI

La Grâce et la Justice : Répondre aux Injustices avec une Perspective Divine

La relation entre la grâce et la justice est au cœur de la foi chrétienne. La grâce de Dieu, qui est un don immérité, n'annule pas la justice mais la complète. En tant que croyants, nous sommes appelés à répondre aux injustices avec une perspective divine, intégrant la grâce et la justice dans nos actions et nos attitudes. Ce chapitre explore comment la grâce et la justice interagissent dans la vie chrétienne et comment nous pouvons répondre aux injustices dans le monde en adoptant une perspective éclairée par la foi.

1. Comprendre la Grâce et la Justice

Pour aborder les injustices avec une perspective divine, il est essentiel de comprendre les concepts de grâce et de justice.

- **La Grâce Divine** : La grâce est le don immérité de Dieu, qui offre le pardon et la miséricorde malgré notre indignité. Éphésiens 2, 8 - 9 définit la grâce comme un don gratuit de Dieu qui nous sauve, indépendamment de nos œuvres. La grâce nous appelle à l'humilité et à la reconnaissance de notre dépendance totale à Dieu.

- **La Justice Divine** : La justice de Dieu est la manifestation de Sa nature juste et équitable. Elle exige que le bien soit récompensé et que le mal soit puni. Psaume 89, 14 proclame que « la justice et le droit sont la base de ton trône ; la bonté et la vérité marchent devant toi. » La justice divine assure que Dieu réglera toutes les injustices de manière parfaite et équitable.

2. La Grâce et la Justice dans l'Ancien Testament

L'Ancien Testament montre comment la grâce et la justice de Dieu interagissent dans la gestion des injustices et des péchés.

- **Les Lois de Justice** : Les lois données au peuple d'Israël étaient conçues pour promouvoir la justice et protéger les opprimés. Deutéronome 16, 20 commandait « la justice, rien que la justice, tu poursuivras, afin que tu vives et que tu possèdes le pays que l'Éternel, ton Dieu, te donne. » Ces lois incluaient des provisions pour les veuves, les orphelins, et les étrangers, reflétant l'engagement de Dieu envers la justice sociale.
- **Les Actes de Grâce** : Même dans le contexte de la loi, la grâce divine était présente. Les sacrifices et les fêtes de réconciliation étaient des moyens par lesquels les Israélites expérimentaient la miséricorde de Dieu malgré leurs fautes. Exode 34, 6 décrit Dieu comme « miséricordieux et compatissant, lent à la colère et riche en bonté et en fidélité. »

3. Jésus et l'Intégration de la Grâce et de la Justice

Jésus incarne parfaitement la combinaison de la grâce et de la justice, apportant une nouvelle compréhension et application de ces concepts.

- **La Mission de Jésus** : Jésus est venu pour accomplir la loi et les prophètes, offrant la grâce tout en affirmant la justice. Matthieu 5, 17 - 18 déclare : « Ne pensez pas que je sois venu abolir la loi ou les prophètes ; je suis venu non pour abolir mais pour accomplir. » Il a révélé que la justice divine devait aller au-delà des observances extérieures pour toucher le cœur et les intentions.

- **Les Enseignements de Jésus sur la Grâce et la Justice** : Jésus a enseigné que la grâce de Dieu est accessible à tous, même à ceux qui semblent les moins méritants. Dans Matthieu 20, 1 - 16, la parabole des ouvriers de la onzième heure montre la générosité de Dieu qui dépasse les notions humaines de justice et de mérite. Cependant, Jésus a également appelé à une justice intérieure et extérieure, demandant une vie conforme aux principes divins (Matthieu 23, 23).

4. Répondre aux Injustices avec la Perspective de la Grâce

Face aux injustices, il est crucial d'adopter une perspective qui allie la grâce et la justice, reflétant ainsi le caractère de Dieu.

- **Accueillir les Opprimés avec Grâce** : Lorsque nous rencontrons des injustices, nous devons accueillir les personnes touchées avec la grâce de Dieu. Luc 4, 18 - 19 montre que Jésus est venu pour annoncer une année de grâce du Seigneur et pour libérer les opprimés. Nous sommes appelés à imiter cette compassion en soutenant ceux qui souffrent.

- **Poursuivre la Justice avec Miséricorde** : La poursuite de la justice doit être accompagnée de miséricorde et de pardon. Michée 6, 8 nous rappelle que ce que Dieu exige, c'est de « faire ce qui est juste, d'aimer la miséricorde, et de marcher humblement avec ton Dieu. » Répondre aux injustices ne signifie pas seulement corriger les torts mais aussi faire preuve de compréhension et de compassion envers ceux qui en sont victimes.

5. Pratiquer la Justice Sociale et l'Action Compassionnelle

L'intégration de la grâce et de la justice se traduit par des actions concrètes en faveur de la justice sociale et de l'aide aux personnes en difficulté.

- **S'engager dans la Justice Sociale** : Les croyants sont appelés à participer activement à des initiatives de justice sociale, comme la lutte contre la pauvreté, les inégalités et les abus. Proverbes 31, 8 - 9 exhorte à « ouvrir la bouche pour les muets, pour la cause de tous les délaissés. Ouvre ta bouche, juge avec justice, défends les droits du pauvre et de l'indigent. »

- **Servir les Nécessiteux** : En répondant aux besoins des plus vulnérables, nous mettons en pratique la grâce et la justice de Dieu. Matthieu 25, 34 - 40 illustre l'importance de servir les pauvres et les nécessiteux comme une expression de la justice divine et de la grâce en action.

6. Les Défis de l'Application de la Grâce et de la Justice

Appliquer la grâce et la justice dans un monde imparfait présente des défis, mais ces défis ne doivent pas nous dissuader de notre mission.

- **Naviguer entre Grâce et Justice** : Trouver l'équilibre entre la grâce et la justice peut être difficile, surtout dans des situations complexes. Il est important de prier pour la sagesse et la guidance divine pour agir de manière juste tout en montrant de la compassion.

- **Faire Face à l'Injustice Systémique** : Les injustices systémiques peuvent sembler insurmontables, mais les croyants sont appelés à œuvrer pour le changement et à défendre la justice avec persévérance. L'action collective et le plaidoyer peuvent être des moyens puissants pour aborder les injustices structurelles.

Conclusion

La grâce et la justice sont deux aspects essentiels du caractère de Dieu, et notre réponse aux injustices dans le monde doit refléter ces deux dimensions. En adoptant une perspective divine, nous pouvons poursuivre la justice avec miséricorde et compassion, soutenant ceux qui souffrent tout en plaidant pour un monde plus équitable. La combinaison de la grâce et de la justice nous appelle à une vie de foi active, où notre témoignage de la bonté et de la rectitude de Dieu se manifeste à travers nos actions envers les autres. En intégrant ces principes dans notre réponse aux injustices, nous contribuons à réaliser la vision divine d'un monde réconcilié et restauré.

Ce chapitre explore la relation entre la grâce et la justice, offrant des perspectives sur la manière de répondre aux injustices avec une compréhension équilibrée et divine, et soulignant l'importance de l'action compassionnelle et de la justice sociale dans la vie chrétienne.

CHAPITRE XVII

Les Sacrements comme Signes de Grâce : Baptême, Eucharistie (Sainte-Cène) et Autres

Les sacrements sont des moyens sacrés par lesquels la grâce divine se manifeste dans la vie des croyants. En tant que signes visibles de la grâce invisible de Dieu, les sacrements jouent un rôle crucial dans la vie chrétienne. Ce chapitre explore les principaux sacrements — le baptême et l'Eucharistie (Sainte-Cène) — ainsi que d'autres rites sacramentels, en examinant comment ils symbolisent et transmettent la grâce divine dans notre expérience spirituelle.

1. Le Baptême : Initiation et Nouveau Commencement

Le baptême est le premier sacrement de l'initiation chrétienne, marquant le début de la vie chrétienne et l'entrée dans la communauté de foi.

- **Signification Théologique** : Le baptême est un signe de purification et de renaissance. Jésus lui-même a été baptisé pour « accomplir toute justice » (Matthieu 3, 15). Dans le baptême, les croyants sont unis à la mort et à la résurrection de Christ, symbolisant la purification des péchés et le commencement d'une nouvelle vie. Romains 6, 4 affirme : « Nous avons donc été ensevelis avec lui par le baptême en sa mort, afin que, comme Christ est ressuscité des morts par la gloire du Père, nous aussi nous marchions en nouveauté de vie. »

- **Les Symboles du Baptême** : L'eau utilisée dans le baptême symbolise la purification et la régénération. L'immersion ou l'aspersion est un symbole visible de la mort au péché et de la naissance à une nouvelle vie en Christ. Les autres symboles peuvent inclure l'onction avec l'huile et le vêtement blanc, représentant l'onction du Saint-Esprit et la pureté.

- **Le Baptême comme Acte de Grâce** : Le baptême est un acte de grâce qui ne dépend pas des mérites personnels mais de l'amour gratuit de Dieu. Il est une réponse à l'appel divin et une entrée dans la communauté des croyants.

2. L'Eucharistie (Sainte-Cène) : Nourriture Spirituelle et Union avec Christ

L'Eucharistie, ou la Sainte-Cène, est le sacrement par lequel les croyants participent au corps et au sang de Christ, rappelant et célébrant Son sacrifice rédempteur.

- **Signification Théologique** : L'Eucharistie ou Sainte-Cène est un mémorial de la mort de Jésus et une communion avec Lui. 1 Corinthiens 11, 24 - 25 nous rappelle que Jésus a institué ce sacrement lors de la Cène, en disant : « Ceci est mon corps, qui est donné pour vous ; faites ceci en mémoire de moi. » Il s'agit de la participation au sacrifice du Christ, ainsi qu'une anticipation de Son retour.

- **Les Symboles de l'Eucharistie (Sainte-Cène)** : Le pain et le vin sont les signes visibles de la grâce de Dieu dans l'Eucharistie

(Sainte-Cène). Le pain symbolise le corps du Christ donné pour nous, et le vin symbolise Son sang versé pour le pardon des péchés. Ces éléments sacramentels sont utilisés pour nourrir notre vie spirituelle et renforcer notre union avec Christ.

- **L'Eucharistie (Sainte-Cène) comme Source de Grâce** : L'Eucharistie (Sainte-Cène) est un moyen par lequel nous recevons la grâce sanctifiante de Dieu. En participant au corps et au sang de Christ, les croyants sont nourris spirituellement, renouvelés dans leur foi et fortifiés pour vivre selon les enseignements de l'Évangile.

3. Les Autres Sacrements et Rites Sacramentels

Outre le baptême et l'Eucharistie (Sainte-Cène), il existe d'autres sacrements et rites dans diverses traditions chrétiennes, chacun ayant son propre rôle dans la vie spirituelle des croyants.

- **La Confirmation (ou Confession de foi)** : La confirmation est un sacrement par lequel les croyants reçoivent le don du Saint-Esprit pour être renforcés dans leur foi. Il marque la pleine admission dans la communauté chrétienne et l'engagement à vivre selon les enseignements de Jésus. Actes 8, 14 - 17 décrit les apôtres envoyant Pierre et Jean pour imposer les mains sur ceux qui avaient cru en Jésus, et ils reçurent le Saint-Esprit.

- **La Réconciliation (Confession)** : La réconciliation est le sacrement par lequel les péchés sont confessés et le pardon est accordé. Ce sacrement offre une restauration de la relation avec

Dieu et avec la communauté chrétienne. Jean 20, 22 - 23 montre Jésus confiant aux disciples le pouvoir de remettre les péchés : « Recevez le Saint-Esprit ; ceux à qui vous remettrez les péchés, ils leur seront remis. »

- **Le Mariage** : Le mariage est considéré comme un sacrement dans de nombreuses traditions chrétiennes, symbolisant l'union de deux personnes (homme et femme) dans l'amour et le respect mutuels, ainsi que leur engagement devant Dieu. Éphésiens 5, 25 - 32 compare l'amour conjugal à l'amour de Christ pour l'Église, soulignant la dimension sacrée du mariage.

- **L'Ordre Sacerdotal** : L'ordination des ministres de l'Église, ou le sacrement de l'ordre, confère une vocation spécifique et une autorité spirituelle pour servir la communauté chrétienne. 1 Timothée 4, 14 parle de la mise à part de ceux qui sont appelés à servir comme ministres : « Ne néglige pas le don qui est en toi, qui t'a été donné par prophétie avec l'imposition des mains du presbyterium. »

- **L'Onction des Malades** : Ce sacrement, aussi appelé sacrement de l'onction, est destiné à apporter la guérison spirituelle et, dans certains cas, physique aux malades. Jacques 5, 14 - 15 nous exhorte : « Y a-t-il parmi vous quelqu'un de malade ? Qu'il appelle les anciens de l'Église, et qu'ils prient pour lui en l'oignant d'huile au nom du Seigneur ; et la prière de la foi sauvera le malade. »

4. Les Sacrements et la Vie Chrétienne

Les sacrements jouent un rôle vital dans la vie chrétienne, non seulement en tant que signes de grâce, mais aussi en tant que moyens de sanctification et de transformation.

- **Les Sacrements comme Moyens de Sanctification** : Les sacrements contribuent à la croissance spirituelle et à la sanctification des croyants. En participant aux sacrements, les chrétiens sont transformés et rendus plus conformes à l'image de Christ.

- **La Vie Communautaire et les Sacrements** : Les sacrements sont souvent célébrés dans le contexte de la communauté chrétienne, renforçant l'unité et la solidarité entre les croyants. La participation commune aux sacrements est une expression de la communion des saints et du corps du Christ.

5. Les Défis et les Malentendus au Sujet des Sacrements

Les sacrements peuvent parfois être mal compris ou mal appliqués, ce qui peut entraîner des défis pour les croyants et les communautés chrétiennes.

- **Malentendus Théologiques** : Les différences dans la compréhension des sacrements entre les différentes traditions chrétiennes peuvent mener à des divisions. Il est important de rechercher une compréhension profonde et respectueuse des différents points de vue sur les sacrements.

- **Pratiques Inadéquates** : Parfois, les sacrements peuvent être administrés ou vécus de manière routinière, sans une véritable compréhension de leur signification spirituelle. C'est peut-être le cas de l'église catholique qui offre l'Eucharistie à chaque célébration. La question est donc de savoir si les fidèles chrétiens prennent le temps de se préparer à ce moment de communion avec Dieu ? Ne serait-il pas plus sérieux de définir 1 ou 2 jours dans le mois pour honorer à cette pratique au combien déterminante pour la communion avec le Père. Il est crucial d'aborder les sacrements avec une attitude de foi sincère et de repentance.

Conclusion

Les sacrements sont des moyens puissants par lesquels la grâce divine est manifestée et transmise dans la vie des croyants. Le baptême et l'Eucharistie (Sainte-Cène) sont des signes visibles de la grâce qui initient et nourrissent notre vie spirituelle. D'autres sacrements comme la confirmation, la réconciliation, le mariage, l'ordination, et l'onction des malades jouent également un rôle important dans la croissance spirituelle et la vie communautaire des chrétiens. En comprenant et en participant aux sacrements avec une perspective éclairée, nous pouvons pleinement expérimenter la grâce de Dieu et vivre en communion avec Lui et avec les autres membres de la communauté chrétienne.

Ce chapitre examine les sacrements principaux et leurs rôles dans la vie chrétienne, offrant des perspectives sur la manière dont ils symbolisent et transmettent la grâce divine, tout en abordant les défis associés à leur compréhension et application.

CHAPITRE XVIII

Les Témoignages de Grâce : Histoires de Transformation Personnelle

Les témoignages de grâce sont des récits puissants qui illustrent comment la grâce divine transforme des vies. Ces histoires de transformation personnelle ne sont pas seulement des preuves vivantes de l'œuvre de Dieu, mais elles inspirent également d'autres à expérimenter cette grâce. Ce chapitre explore des témoignages de personnes dont les vies ont été radicalement changées par la grâce de Dieu, montrant comment cette grâce intervient dans divers contextes et situations pour apporter guérison, réconciliation, et renouveau.

1. Le Pouvoir de la Grâce dans les Histoires Personnelles

Les témoignages personnels de grâce révèlent comment Dieu agit de manière tangible dans la vie des individus, souvent dans des circonstances difficiles.

- **Transformation du Péché à la Rédemption** : Beaucoup de témoignages montrent des personnes ayant connu une transformation radicale après avoir expérimenté la grâce de Dieu. Par exemple, l'histoire de Paul l'Apôtre, qui est passé de persécuteur des chrétiens à fervent défenseur de la foi, démontre le pouvoir transformateur de la grâce divine (Actes 9, 1 - 19). Sa conversion illustre comment la grâce de Dieu peut transformer une vie de manière spectaculaire.

- **Guérison et Restauration** : Les témoignages de guérison physique et émotionnelle à travers la grâce de Dieu sont également fréquents. Le récit du roi Manassé (2 Chroniques 33, 12 - 13), qui, après avoir été en captivité, se tourne vers Dieu et reçoit la grâce et la restauration, montre que même les situations les plus désespérées peuvent être transformées par la grâce divine.

2. Témoignages de Grâce dans les Difficultés et les Épreuves

La grâce de Dieu se manifeste souvent de manière puissante dans les moments de souffrance et de difficulté.

- **La Grâce en Temps de Souffrance** : Les histoires de personnes ayant trouvé du réconfort et de l'espoir dans la grâce de Dieu pendant des périodes de souffrance montrent comment la grâce peut apporter une paix inexplicable. Un exemple est celui de Johnny Erickson Tada, qui a été paralysée après un accident de plongée. Malgré sa condition, elle a trouvé la force et l'espoir dans la grâce de Dieu, devenant une voix puissante pour l'espoir et la guérison spirituelle.

- **Réconciliation et Guérison Relationnelle** : La grâce divine peut également jouer un rôle crucial dans la réconciliation et la guérison des relations brisées. L'histoire de Joseph dans la Bible (Genèse 45) illustre comment la grâce peut transformer des relations fracturées en offrant pardon et réconciliation, même après des trahisons profondes.

3. Témoignages de Grâce dans la Conversion Spirituelle

Les témoignages de conversion spirituelle montrent comment la grâce de Dieu change des vies en profondeur, entraînant une transformation totale.

- **Conversion de Personnes Célèbres** : Les récits de conversion de personnalités célèbres, comme celui de C.S. Lewis, qui est passé de l'athéisme à la foi chrétienne, illustrent comment la grâce divine peut toucher même les esprits les plus sceptiques. Lewis, dans son livre *"Mere Christianity"*, partage son voyage de doute à une foi vivante, démontrant comment la grâce de Dieu a pénétré et transformé sa vie.

- **Histoires de Foi Trouvée dans la Simplicité** : De nombreuses personnes ont découvert la foi et la grâce de Dieu dans des contextes de simplicité et d'humilité. Ces histoires de conversion souvent modestes, comme celle d'un ouvrier ou d'un étudiant, montrent que la grâce divine est accessible à tous, indépendamment des circonstances.

4. Le Rôle des Témoignages dans la Vie Chrétienne

Les témoignages de grâce ne sont pas seulement des récits inspirants mais jouent également un rôle important dans la vie chrétienne.

- **Encouragement et Inspiration** : Les témoignages de transformation personnelle servent d'encouragement et d'inspiration pour d'autres croyants. Ils montrent que la grâce de Dieu est active et puissante, encourageant les autres à rechercher cette même grâce dans leurs propres vies.

- **Renforcement de la Foi Communautaire** : Les témoignages renforcent la foi communautaire en montrant comment Dieu œuvre dans la vie des individus. Ils créent un sens de la communauté et de la solidarité en partageant des expériences communes de grâce et de transformation.

5. Partager les Témoignages de Grâce

Partager les témoignages de grâce est une manière de proclamer l'œuvre de Dieu et de témoigner de Sa bonté.

- **Partager dans les Églises et les Groupes de Foi** : Les témoignages personnels peuvent être partagés lors de services d'église, de groupes de maison, ou de réunions de prière pour encourager la communauté et glorifier Dieu. 1 Jean 1, 7 nous rappelle que nous devons marcher dans la lumière et partager la vérité de la grâce de Dieu.

- **Utiliser les Témoignages dans les Ministères et les Missions** : Les témoignages peuvent également être utilisés dans les ministères et les missions pour toucher ceux qui ne connaissent pas encore la grâce de Dieu. En partageant des histoires de transformation, nous pouvons démontrer la réalité et le pouvoir de la grâce divine à ceux qui cherchent la vérité.

6. Les Défis dans le Partage des Témoignages

Partager des témoignages de grâce peut parfois rencontrer des défis, mais ces défis peuvent être surmontés avec la bonne approche.

- **Récits Incomplets ou Sélectifs** : Il est important de partager les témoignages de manière honnête, sans embellir les faits ou omettre des parties importantes de l'histoire. La vérité complète aide à démontrer la véritable portée de la grâce de Dieu.

- **Respect de la Confidentialité** : Lorsque les témoignages concernent des aspects personnels ou sensibles, il est crucial de respecter la confidentialité et d'obtenir le consentement des personnes concernées avant de partager leurs histoires.

Conclusion

Les témoignages de grâce offrent des aperçus puissants de la manière dont Dieu transforme des vies par Sa grâce divine. Ces récits de transformation personnelle, de souffrance surmontée, de conversion spirituelle, et de réconciliation sont des preuves vivantes de l'œuvre de Dieu dans le monde. En partageant ces histoires, nous encourageons et inspirons les autres à rechercher et à expérimenter la grâce de Dieu dans leurs propres vies. Les témoignages de grâce non seulement renforcent la foi et la communauté chrétienne mais aussi servent de puissants outils pour proclamer l'amour et la puissance de Dieu à un monde en besoin de transformation.

Ce chapitre explore les divers aspects des témoignages de grâce, soulignant leur impact et leur importance dans la vie chrétienne, tout en offrant des perspectives sur la manière de partager et de vivre ces histoires de transformation personnelle.

CHAPITRE XIX

La Grâce Éternelle : Perspectives sur la Vie Après la Mort

La grâce divine n'est pas limitée à la vie terrestre mais s'étend également à la dimension éternelle. Comprendre la grâce éternelle est essentiel pour saisir pleinement l'espérance chrétienne en ce qui concerne la vie après la mort. Ce chapitre explore les perspectives bibliques sur la grâce éternelle, en examinant comment elle influence notre compréhension de la vie après la mort, la promesse de la vie éternelle, et la nature de notre relation future avec Dieu.

1. La Promesse de la Vie Éternelle

La vie éternelle est la promesse centrale du christianisme, offerte par la grâce de Dieu à travers Jésus-Christ.

- **La Grâce comme Clé de la Vie Éternelle** : La vie éternelle est un don gratuit de Dieu, accessible uniquement par la grâce. Jean 3, 16 affirme : « Car Dieu a tant aimé le monde qu'il a donné son Fils unique, afin que quiconque croit en lui ne périsse point, mais qu'il ait la vie éternelle. » Cette promesse est fondée sur la grâce de Dieu, qui offre le salut et la vie éternelle à tous ceux qui croient en Jésus-Christ.

- **La Résurrection de Jésus comme Gage de la Vie Éternelle** : La résurrection de Jésus est la garantie de la vie éternelle pour les croyants. 1 Corinthiens 15, 20 - 22 déclare : « Mais maintenant,

Christ est ressuscité des morts, il est les prémices de ceux qui sont morts. Car, comme tous meurent en Adam, de même aussi tous revivront en Christ. » La résurrection de Jésus assure que la vie éternelle est possible pour tous ceux qui sont unis à Lui.

2. La Grâce dans la Vie Après la Mort

La grâce divine joue un rôle central dans la compréhension chrétienne de la vie après la mort, apportant réconfort et espoir.

- **La Grâce au Ciel** : La vie éternelle avec Dieu est décrite comme une expérience de plénitude et de joie, fondée sur la grâce divine. Apocalypse 21, 4 décrit la vie au ciel où « Dieu essuiera toute larmes de leurs yeux ; et la mort ne sera plus, et il n'y aura plus ni deuil, ni cri, ni douleur. » Ce passage montre que la grâce de Dieu rendra la vie éternelle pleine de paix et de bonheur, loin des souffrances et des limitations terrestres.

- **Le Jugement et la Grâce** : La grâce de Dieu ne contredit pas le concept de jugement mais le complète. Le jugement dernier est une réalité biblique où chaque personne rendra compte de ses actions. Cependant, pour les croyants, la grâce de Dieu assure le pardon et l'acquittement à travers la foi en Jésus-Christ. Romains 8, 1 proclame : « Il n'y a donc maintenant aucune condamnation pour ceux qui sont en Jésus-Christ. » La grâce divine est la clé pour comprendre que le jugement est mis en balance avec le pardon et la miséricorde.

3. La Grâce et les Récompenses Éternelles

La grâce divine influence également la compréhension des récompenses éternelles promises aux croyants.

- **Les Récompenses pour la Fidélité** : Les Écritures parlent de récompenses pour les croyants qui vivent fidèlement et servent Dieu. Matthieu 25, 21 décrit le Seigneur disant : « C'est bien, bon et fidèle serviteur ; tu as été fidèle en peu de choses, je te confierai beaucoup ; entre dans la joie de ton maître. » Ces récompenses ne sont pas des mérites humains mais des dons de la grâce de Dieu.

- **La Couronne de Vie** : La Bible mentionne plusieurs « couronnes » comme récompenses pour la fidélité et la persévérance chrétienne. Jacques 1, 12 déclare : « Heureux l'homme qui supporte avec patience l'épreuve, car après avoir été éprouvé, il recevra la couronne de vie que le Seigneur a promise à ceux qui l'aiment. » Ces couronnes symbolisent les bénédictions et les honneurs réservés à ceux qui vivent selon la grâce divine.

4. Vivre avec la Perspective de la Grâce Éternelle

La perspective de la grâce éternelle influence profondément la manière dont nous vivons notre vie terrestre.

- **Espoir et Assurance** : La promesse de la grâce éternelle apporte une profonde assurance et un espoir inébranlable. Hébreux 6, 19 décrit l'espérance en la grâce éternelle comme « une ancre de l'âme, sûre et ferme. » Cette espérance nous permet de traverser les défis de la vie avec confiance et sérénité, sachant que la grâce divine nous attend au-delà de cette vie.

- **Motivation pour une Vie de Foi** : La perspective de la grâce éternelle nous motive à vivre une vie de foi active et engagée. 2 Corinthiens 5, 14 - 15 explique que « l'amour du Christ nous presse, parce que nous estimons que si un seul est mort pour tous, tous donc sont morts ; et qu'il est mort pour tous, afin que ceux qui vivent ne vivent plus pour eux-mêmes, mais pour celui qui est mort et ressuscité pour eux. » Connaître la grâce éternelle nous pousse à vivre pour Christ et à partager cette bonne nouvelle avec les autres.

5. Les Défis de la Compréhension de la Grâce Éternelle

Bien que la grâce éternelle soit une source de réconfort et d'espérance, il y a des défis associés à sa compréhension et à son acceptation.

- **La Question de la Souffrance et de la Mort** : Comprendre comment la grâce divine s'applique à la souffrance et à la mort peut être difficile. Les croyants peuvent se demander comment la grâce se manifeste dans les moments de douleur et de perte. Il est important de se rappeler que la grâce de Dieu apporte réconfort et espérance même dans les moments les plus sombres.
- **Les Concepts Culturels et Théologiques Variés** : Différentes traditions chrétiennes ont des perspectives variées sur la vie après la mort et la grâce éternelle. Il est crucial de respecter ces

différences tout en cherchant une compréhension approfondie fondée sur les Écritures.

Conclusion

La grâce éternelle est un aspect fondamental de la foi chrétienne, offrant une perspective réconfortante et pleine d'espoir sur la vie après la mort. En tant que don gratuit de Dieu, elle assure la promesse de la vie éternelle, apporte réconfort face à la mort et aux souffrances, et influence la manière dont nous vivons notre vie terrestre. En comprenant et en recevant la grâce éternelle, nous trouvons une assurance profonde et une motivation pour vivre en accord avec les enseignements de Christ, tout en partageant cette espérance avec un monde en quête de sens et de rédemption.

Ce chapitre explore les aspects de la grâce divine en relation avec la vie après la mort, offrant des perspectives sur la vie éternelle, les récompenses, et la manière dont cette compréhension influence notre vie terrestre et spirituelle.

CHAPITRE XX

Vivre la Grâce Jusqu'au Bout : Conserver la Relation avec Jésus Tout au Long de sa Vie

Vivre la grâce divine jusqu'au bout implique non seulement de commencer notre voyage avec Jésus, mais aussi de maintenir une relation profonde et vivante avec Lui tout au long de notre vie. Cette relation continue est essentielle pour expérimenter pleinement la grâce de Dieu et pour marcher dans Ses voies. Ce chapitre explore comment conserver et nourrir notre relation avec Jésus, en intégrant la grâce divine dans tous les aspects de notre vie quotidienne.

1. L'Importance de la Relation Continue avec Jésus

Maintenir une relation vivante avec Jésus est crucial pour vivre pleinement dans la grâce divine.

- **Une Relation Dynamique** : Une relation avec Jésus n'est pas statique mais dynamique, nécessitant un engagement constant et un désir de grandir dans la foi. Jean 15, 4 - 5 enseigne : « Demeurez en moi, et je demeurerai en vous. Comme le sarment ne peut de lui-même porter du fruit, s'il ne demeure en la vigne, ainsi vous ne le pouvez non plus, si vous ne demeurez en moi. Je suis la vigne, vous êtes les sarments. Celui qui demeure en moi, et en qui je demeure, porte beaucoup de fruit. »

- **Une Relation Personnelle et Intime** : Conserver une relation avec Jésus implique de cultiver une intimité personnelle avec Lui. Cela signifie passer du temps dans la prière, la méditation de la Parole, et la réflexion spirituelle pour nourrir cette connexion.

2. Les Moyens de Nourrir la Relation avec Jésus

Pour vivre la grâce jusqu'au bout, il est important d'utiliser des moyens pratiques pour maintenir et approfondir notre relation avec Jésus.

- **La Prière Régulière** : La prière est le moyen principal pour communiquer avec Dieu et maintenir une relation vivante avec Jésus. La prière régulière nous permet de partager nos préoccupations, nos gratitudes et nos besoins avec Dieu, tout en recevant Sa guidance et Son réconfort. 1 Thessaloniciens 5, 17 exhorte : « Priez sans cesse. »

- **L'Étude de la Parole de Dieu** : La lecture et l'étude de la Bible sont essentielles pour comprendre la volonté de Dieu et pour croître dans la foi. La Parole de Dieu nourrit notre esprit et nous guide dans notre marche chrétienne. Hébreux 4, 12 décrit la Parole comme « vivante et efficace, plus tranchante qu'une épée quelconque à deux tranchants. »

- **La Communion avec les Autres Croyants** : Participer à une communauté chrétienne et entretenir des relations avec d'autres croyants fortifie notre foi. Les réunions d'église, les groupes de maison, et les études bibliques fournissent un soutien mutuel et des encouragements spirituels. Hébreux 10, 24 - 25 nous encourage à « nous exciter les uns les autres à l'amour et aux bonnes œuvres, en nous réunissant, comme c'est la coutume de certains. »

3. Affronter les Défis et les Tentations

Tout au long de notre vie, nous ferons face à des défis et des tentations qui peuvent affecter notre relation avec Jésus. Conserver la grâce jusqu'au bout implique de savoir comment les affronter.

- **Résistance à la Tentation** : Les tentations sont inévitables, mais la grâce de Dieu nous donne la force de les surmonter. 1 Corinthiens 10, 13 assure que « Dieu est fidèle, et il ne permettra pas que vous soyez tentés au-delà de vos forces. Mais avec la tentation, il préparera aussi le moyen d'en sortir, afin que vous puissiez la supporter. »

- **Faire Face aux Épreuves** : Les épreuves peuvent mettre notre foi à l'épreuve, mais elles peuvent aussi renforcer notre relation avec Jésus si nous les affrontons avec confiance en Sa grâce. Jacques 1, 2 - 4 nous encourage à considérer les épreuves comme des occasions de croissance spirituelle : « Regardez comme une joie parfaite les diverses épreuves auxquelles vous pouvez être exposés, sachant que l'épreuve de votre foi produit la patience. »

4. La Persévérance dans la Foi

Persévérer dans la foi est essentiel pour vivre la grâce jusqu'au bout.

- **L'Importance de la Persévérance** : La persévérance est la clé pour conserver notre relation avec Jésus jusqu'à la fin de notre vie. Hébreux 12, 1 - 2 nous exhorte à « courir avec patience la course qui nous est proposée, les yeux fixés sur Jésus, auteur et consommateur de la foi. »
- **La Promesse de la Grâce Persistante** : La grâce de Dieu est constante et fidèle, même lorsque nous faisons face à des moments de faiblesse. 2 Timothée 2, 13 dit : « Si nous lui sommes infidèles, lui demeure fidèle ; il ne peut se renier lui-même. »

5. Vivre en Accord avec la Grâce

Pour vivre en pleine harmonie avec la grâce divine, il est important de refléter cette grâce dans notre vie quotidienne.

- **Exprimer la Grâce envers les Autres** : La grâce que nous recevons de Dieu doit se manifester dans la manière dont nous traitons les autres. Matthieu 18, 21 - 22 montre que nous devons être prêts à pardonner comme Dieu nous a pardonnés.
- **Faire des Actes de Service** : Mettre la grâce en action en servant les autres et en vivant des actes de charité est une manière de témoigner de la grâce divine dans nos vies. Galates 5, 13 nous appelle à « servir les uns les autres par l'amour. »

6. L'Espoir de la Récompense Éternelle

Maintenir notre relation avec Jésus jusqu'à la fin est lié à l'espérance de la récompense éternelle.

- **La Récompense Promise** : Nous sommes appelés à vivre dans l'espérance de la récompense éternelle que Dieu promet aux fidèles. 2 Timothée 4, 7 - 8 déclare : « J'ai combattu le bon combat, j'ai achevé la course, j'ai gardé la foi. Dès maintenant la couronne de justice m'est réservée, que le Seigneur, le juste juge, me donnera en ce jour-là. »

- **La Joie de la Communion Éternelle** : La récompense ultime est la communion éternelle avec Jésus, un moment où nous expérimenterons pleinement la grâce divine. Apocalypse 21, 3 nous promet : « Voici, le tabernacle de Dieu avec les hommes ! Il habitera avec eux, et ils seront son peuple, et Dieu lui-même sera avec eux. »

Conclusion

Vivre la grâce jusqu'au bout implique de maintenir une relation vivante et dynamique avec Jésus tout au long de notre vie. En cultivant une vie de prière, d'étude de la Parole, et de communion avec les croyants, tout en affrontant les défis avec persévérance, nous pouvons expérimenter pleinement la grâce divine. La grâce de Dieu est un don constant, et en restant attachés à Jésus, nous pouvons espérer et nous réjouir de la récompense éternelle qui nous attend. Que chaque jour soit une occasion de vivre en accord avec la grâce, refléter l'amour de Dieu, et persévérer dans la foi jusqu'au bout.

Ce chapitre examine les moyens de maintenir une relation continue avec Jésus, d'affronter les défis, et de vivre en harmonie avec la grâce divine tout au long de sa vie, tout en anticipant la récompense éternelle.

CONCLUSION

À travers les chapitres de ce livre, nous avons exploré la profondeur et la richesse de la grâce divine qui nous est offerte par Jésus-Christ. Cette grâce n'est pas simplement un concept théologique mais une réalité vivante et transformante qui touche chaque aspect de notre existence.

1. La Grâce comme Fondation de notre Relation avec Jésus

Nous avons vu que la grâce divine est le fondement de notre relation avec Jésus. Elle commence par la rencontre initiale où nous acceptons l'appel de Dieu, se manifeste à travers la compréhension de sa nature infinie, et se révèle dans la relation continue que nous entretenons avec Lui. Cette grâce nous est donnée sans condition et nous invite à une communion intime avec notre Seigneur.

2. La Grâce à Travers les Écritures et l'Histoire

La grâce de Dieu se révèle tout au long des Écritures, depuis l'Ancien Testament jusqu'à l'Incarnation de Jésus. Les témoignages historiques et bibliques montrent comment la grâce divine a transformé des vies, apportant pardon, guérison, et renouveau. Nous avons exploré comment Jésus, en tant que l'Incarnation de la grâce, nous invite personnellement à Lui appartenir et à vivre une vie nouvelle en Lui.

3. Les Dimensions de la Grâce dans Notre Vie Quotidienne

Nous avons examiné comment la grâce se manifeste dans notre vie quotidienne à travers le pardon, l'amour inconditionnel, et la transformation intérieure. La grâce nous soutient dans les moments de difficulté, nous encourage dans la communion avec les autres croyants, et nous motive à vivre selon les principes du Royaume de Dieu. Elle nous aide à surmonter les obstacles, à affronter les épreuves, et à témoigner de Sa bonté dans le monde.

4. La Perspective Éternelle de la Grâce

La grâce divine ne se limite pas à cette vie mais s'étend à la perspective éternelle. La promesse de la vie éternelle et la récompense réservée aux fidèles sont des expressions de la grâce éternelle de Dieu. Cette grâce assure non seulement notre salut mais aussi notre communion éternelle avec Lui, apportant réconfort et espoir face à la mortalité.

5. Vivre la Grâce Jusqu'au Bout

La grâce divine est un don qui nous accompagne tout au long de notre voyage terrestre. Conserver une relation vivante avec Jésus, persévérer dans la foi, et vivre en accord avec la grâce sont essentiels pour expérimenter pleinement le cadeau de Dieu. En nous appuyant sur la grâce, nous pouvons affronter les défis, faire face aux tentations, et témoigner de l'amour de Dieu dans nos vies.

Invitation à une Vie de Grâce

En conclusion, nous sommes appelés à embrasser pleinement la grâce divine et à la laisser transformer chaque aspect de notre vie. Que cette grâce ne soit pas seulement un concept que nous comprenons mais une réalité que nous vivons quotidiennement. Que nous puissions, par la puissance de cette grâce, marcher avec Jésus, vivre une vie qui Lui appartient, et partager cette grâce avec le monde qui nous entoure.

La grâce de Dieu est un cadeau précieux et incommensurable, offert librement à chacun de nous. En Lui appartenant, nous découvrons la plénitude de cette grâce, la joie de la communion avec notre Seigneur, et la promesse d'une vie éternelle dans Sa présence. Puissions-nous, à chaque instant, vivre en réponse à cet amour divin, portant fruit pour le Royaume de Dieu et reflétant Sa gloire.

Que la grâce de notre Seigneur Jésus-Christ soit avec vous tous. Amen.

MARANATHA

JESUS REVIENT

BIBLIOGRAPHIE

1. Jeanne-Marie Matz **(2019)**, ***"La Grâce de T'appartenir, Seigneur Jésus"***, Éditions du Parvis.

2. André Gouazé **(2017)**, ***"Jésus et la Grâce Divine"***, Éditions du Cerf.

3. Jean-Pierre Lancel **(2015)**, ***"La Grâce de Dieu et la Vie chrétienne"***, Éditions de l'Emmanuel.

4. Marie-Louise Dautel **(2020)**, ***"À la Découverte de la Grâce Divine"***, Éditions du Jubilé.

5. Philippe Lefebvre **(2021)**, ***"Le Mystère de la Grâce en Christ"***, Éditions du Saint-Sacrement.

6. John Stott **(2016)**, ***"La Grâce de Dieu : La Puissance de Son Amour"***, Éditions du Cerf.

7. Philip Yancey **(2015)**, ***"La Grâce Transformante : Comment Dieu Change Nos Vies"***, Éditions Excelsis.

8. John Owen **(2014)**, ***"La Grâce de Dieu et la Vie Chrétienne"***, Éditions Martinus Nijhoff.

9. Tullian Tchividjian **(2017)**, ***"La Grâce Infinie : Un Voyage Spirituel"***, Éditions Mardaga.

10. N.T. Wright **(2017)**, ***"Le Christ au Centre : Une Théologie de la Centralité Divine"***, Éditions du Jubilé.

11. John Piper **(2016)**, ***"L'Incontournable Présence de Dieu : Une Vie Centrée sur Lui"***, Éditions des Presses Evangéliques.

12. Timothy Keller **(2019)**, ***"La Bonté Divine : Comprendre la Nature de Dieu"***, Éditions La Vie.

13.	Henri Blocher **(2018)**, *"Dieu et Sa Bonté : Une Réflexion sur le Caractère Divin"*, Éditions de l'Emmanuel.

14.	J.I. Packer **(2016)**, *"La Bonté et la Miséricorde de Dieu : Une Perspective Théologique"*, Éditions Nouvelle Cité.

15.	Louis Bouyer **(2016)**, *"Les Sacrements dans l'Église : Théologie et Pratique"*, Éditions du Cerf.

16.	Jean-Pierre Lancel **(2015)**, *"Les Sacrements : Signes et Réalités"*, Éditions de l'Emmanuel.

17.	Cyril C. Richardson **(2014)**, *"Les Sacrements dans la Tradition Chrétienne"*, Éditions Nouvelle Cité.

18.	Henri Nouwen **(2018)**, *"Vivre avec Jésus : Une Vie Transformée"*, Éditions du Seuil.

19.	Timothy Keller **(2019)**, *"Jésus au Quotidien : Comment L'intégrer dans Notre Vie"*, Éditions La Vie.

20.	*La Bible, Ancien Testament et Nouveau Testament, Traduite de l'Hébreu et du Grec en français courant,* Nouvelle Edition révisée 1997, Alliance Biblique Universelle,

21.	*La Sainte Bible, Ancien et Nouveau Testament, Traduite d'après les textes originaux Hébreu et Grec,* Version Louis Segond, 1910.

22.	*Traduction Œcuménique de la Bible, Ancien et Nouveau Testament, Traduits sur les textes originaux Hébreu et Grec,* Nouvelle Edition mise à jour 2004, Société Biblique Française – LE CERF.

23.	*La Sainte Bible (électronique), Bible en Français,* Traduction KING James Version (KJV), Louis Segond.